JN016741

ゼロ から〉スタート！

岩田美貴の 2024-'25年版

FP3級

1冊目の教科書

LEC専任講師 **岩田美貴** 著

LEC東京リーガルマインド 監修

KADOKAWA

LECで大人気の
岩田講師が合格へナビゲート！

1冊目の教科書に最適！

FP3級は日常生活や仕事でも役立つ資格です！

CFP® ・ 1級 FP 技能士

岩田 美貴 （いわた・みき）

大学卒業後、経済・金融関係の出版社に勤務。企業や金融機関等への取材、インタビュー記事の執筆等を行う。FP 資格取得後、1997 年に(有)モーリーズ 岩田美貴 FP 事務所を設立し、独立。ライフプラン全般にわたるコンサルティングを展開。FP に関するセミナー、講演会、FP 資格取得のための講座等、幅広く活動している。

STEP 1 岩田講師の ここがすごい！

1 講師歴 22 年で受講者 3 万人以上。合格者を多数輩出！

LEC での FP 講座の講師歴は 22 年、3 万人以上の指導実績があります。大学や市民講座の講義でも途中でリタイアする人がほとんどいない圧倒的な修了率を誇っています。

2 最後まで飽きずに学べる！

FP 資格は住宅ローンや生命保険の選択、確定申告など日常生活に結びついています。岩田講師は、業務上の事例や自身に生じるライフイベントに置き換えて説明を行うため、理解しやすいと評判です。

受講者の声

- FP 技能検定のツボを押さえた講義だったと試験を受けて感じました
- 制度のしくみや改定の主旨を目的から説明してくれるので理解が進みました
- どうして間違えたのかを理解でき、勉強になりました
- 知識が不思議なくらいスイスイと頭に入ってきます
- 実務や生活でも役立つ知識が得られて、合格後も役立っています！

STEP 2 合格への確実な一歩が踏み出せる

FP3級は6科目と学習範囲が広く、通常数カ月にわたる膨大な学習が必要です。本書では過去問を徹底分析し、重要ポイントを「ワンポイント」や「講師コメント」で的確に指摘。短期間で3級合格に必要な基礎知識が身につきます。暗記を最小限に抑えられる内容になっています。

STEP 3 最短ルートの学習法を公開

その1 図解で学ぶ「イメージング」学習法

年金制度やタックスプランニングなどは、計算問題も多く、文章だけでは理解しづらい面があります。本書では、各項目のイメージを右ページの図版でわかりやすく提示。直感的にわかるので、理解の進み方が違います。また、具体例の提示や「講師コメント」により、つまずきを防ぎます。

その2 10時間で読み切れる見開き構成

FP3級に必要な基礎知識を1冊に凝縮。1項目見開きで左ページにポイントを押さえたわかりやすい解説、右ページに理解しやすい図やイラスト満載でどんどん読み進められます。

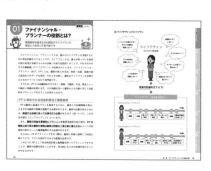

FP3級合格を実現！
人気講師の合格メソッドが
この1冊で手に入る！

はじめに

　みなさんはファイナンシャル・プランナー（以下、FP）と聞いて、何を思い浮かべますか？　「お金のアドバイスをしてくれる人」「保険や住宅ローンの相談に乗る人」「金融資産の投資に関する専門家」など、いろいろなイメージがあると思いますが、どれも間違いではありません。

　「お金に関する幅広いアドバイスをする専門家」。それが FP です。**顧客が、一生を通じて経済的に困窮することなく生活できるようにアドバイスをするのが FP の仕事**です。

　私が FP の仕事を始めて 20 年以上が経ちますが、たくさんの方々の相談を受けて思ったのが、「お金のことを知らないばかりに損をしている方が多いのではないか」ということです。

　本書は FP の初級資格である 3 級 FP 技能検定の知識で構成していますが、みなさんが本書を通じて FP 資格の勉強をすることで、生活にすぐにでも役立つお金の知識を習得することができるでしょう。

FPの知識を自分の将来のために学ぶ

　FP は投資のアドバイザーだと思っている方も多いようなのですが、決してそうではありません。**FP 資格取得のために学習する内容は、金融資産の運用や保険商品だけでなく、健康保険や公的年金制度などの国の社会保険制度や、所得税や住民税といった税金、相続が発生したときのさまざまな決まりごとなど、じつに幅広い内容**にわたります。

　つまり、FP になるための学習をすることで、幸せに生活するためのお金の知識だけでなく、国の制度や社会のしくみがどうなっているかを知ることができるのです。

　みなさんの中には、自分の将来や老後の生活について、経済的な不安を感じている方も多いのではないでしょうか。その不安をなくすには、やはりお金についてもっと深く知って、その知識を基にできるだけ早く将来の準備を

することが大切です。

　たとえば、病気になったときに健康保険からどのような給付を受けることができるのか、老後を安心して暮らすにはどのくらいの預貯金が必要なのかといったことがわかれば、不足している分を準備することで、将来に不安を感じることが少なくなるでしょう。その準備のためにどのような金融商品で運用すればいいのか、どんな保険に加入すればいいのかということも、勉強を通じて身につけられます。

将来の生活をイメージしながら学習する

　私にとって「勉強する」ということは、子どもの頃から日常生活の一部でした。それは、両親が研究者という職業だったからです。そんな両親のもとで育った私は、本を読むのも勉強するのも好きだったので、「勉強しなさい」と言われることにさほど不満を感じませんでした。ただ、「試験のために勉強するだけで本当にいいのだろうか?」という疑問を感じていたことも事実です。その思いは大人になってからも続き、そのような中で出会ったのが、FPという資格だったのです。

　FPは**勉強したことがすぐに生活の役に立ち、知れば知るほど豊かになっていく**、そんな資格です。みなさんも将来の豊かな生活を思い浮かべながらFPになるための勉強をすることで、「試験勉強」という堅苦しいイメージとは違ったワクワク感を持っていただけるのではないかと思います。

　本書は、3級FP技能検定の合格を目標としていますが、肩の力を抜いて、勉強を楽しむような気持ちで読んでいただければ嬉しく思います。

　そして、本書を読んだみなさんが、その知識を実生活や仕事で十分に活かし、かけがえのない人生を豊かに楽しく過ごすことができる一助になることを願っています。

LEC専任講師
CFP®・1級ファイナンシャル・プランニング技能士　岩田 美貴

3級FP技能検定とは？

FP資格には2つの種類がある

　FP の資格は、現在、NPO 法人日本ファイナンシャル・プランナーズ協会（以下、日本 FP 協会）が実施する AFP[※1]、CFP®[※2] 資格と、国家資格のファイナンシャル・プランニング技能士（以下、FP 技能士）の2種類があり、**3級 FP 技能士は、国家資格である FP 技能士の初級資格**です。とくに受検要件はないので、FP を目指す人であれば誰でも受検することができます。

　3級 FP 技能検定には、**学科試験**と**実技試験**があり、両方の試験に合格すると3級 FP 技能士の資格を取得することができます。**検定試験は全国で随時受検できる CBT 方式（コンピュータを利用した試験方式）で実施**され、学科試験も実技試験も **60％の得点**で合格となります。もしかしたら、学科試験と実技試験のどちらかだけ合格するということもあるかもしれません。その場合、一部合格した権利は翌々年度末まで有効なので、その期間内にダメだったほうの試験だけを受検して合格すれば、3級 FP 技能士になることができます。

　3級 FP 技能検定に合格したら、ぜひ、2級 FP 技能士も目指してはいかがでしょうか。自分のライフプランをもっと計画的に考えたい方、そして仕事で FP 資格を使うという方には、2級 FP 技能士までの取得をおすすめします。

※1　AFP：アフィリエイテッド・ファイナンシャル・プランナー
※2　CFP®：サーティファイド・ファイナンシャル・プランナー®

◆ FP資格の概要

	AFP	CFP®	3級FP技能士	2級FP技能士	1級FP技能士
資格分類	民間資格		国家資格		
認定機関	日本FP協会		厚生労働省 試験実施機関：日本FP協会 金融財政事情研究会		
受検要件	認定研修の修了	AFP認定者	なし	・3級合格 ・実務経験（2年） ・認定研修の修了	・2級合格 ・実務経験（5年）
資格更新	2年ごとの更新		更新は不要		

② 最短で合格する勉強法

まずは6科目とも60%は確実に正解する

　3級FP技能検定では、ライフプランニングと資金計画、リスク管理、金融資産運用、タックスプランニング、不動産、相続・事業承継の6科目が出題されます。試験は学科試験と実技試験に分かれていますが、とくに学科試験では、各科目10問（○×：5問、3肢択一：5問）ずつ、どの科目も同じ問題数が出題されます。科目による最低得点の基準はなく、合計点で60%の正解で合格となります。

　3級FP技能検定では、科目によって、勉強する内容が大きく異なります。ですから、6科目の中で得意な科目と不得意な科目に分かれてしまうのは当然でしょう。しかし、好きな科目や得意な科目では勉強がはかどり、苦手な科目では勉強が進まないという状況になれば、なかなか合格できません。なぜなら、試験に合格するには全体で60%の正答率が必要で、苦手な科目で正解できないと得意な科目で高得点を稼がなければならないからです。

　3級FP技能検定に最短で合格するコツの1つは、科目による苦手意識をなくして、**6科目とも60%程度は確実に正解**できるようにすること。そしてもう1つは、**得意科目において80%以上の正答率**を目指すことです。

どの科目から勉強すればいいのか？

　本書では、試験で出題される科目の順番に従って解説をしています。

　もちろん、最初の科目から順番に読んでもいいのですが、自分が興味のある科目から読むのも1つの方法です。社会人でしたら、仕事に関係のある科目から読んだほうが理解しやすいでしょう。

　最初に好きな科目を勉強してスタートダッシュをし、その勢いで次の科目へと進んでいけば、無理なく6科目のすべてを学習できると思います。

　科目ごとにまったく違う内容を次々に学習するので、1科目を学習し終わったら、少し頭を切り替えることで、次の科目が理解しやすくなるでしょ

う。また、違う内容とはいえ、**科目ごとに重複する部分もあります**。学習が進むに従ってその重複する部分がわかってくると、より FP の勉強が楽しくなって、ぐんぐん進めていけることと思います。

実技試験対策は、「実際の相談」をイメージした学習で

　3級 FP 技能検定には、学科試験のほかに実技試験もあると述べましたが、「実技試験って、いったいどんな問題が出るんだろう？」と不安に思う方も多いことでしょう。3級 FP 技能検定の**実技試験は、学科試験と同じようにマークシート方式**です。記述式や論述式の試験ではありません。そのため、学科試験で求められる知識をしっかりと学習していれば、実技試験でも合格に必要な得点を十分に得られます。

　ただ、実技試験の出題のされ方は、学科試験とは少し異なります。「実技」というくらいですから、「**FP が顧客に対してさまざまなアドバイスをする**」という視点で問題が出されます。

　そこで、実技試験対策としては、「自分のライフプランを考えるときに、どのような選択肢があるか」とか、「私が FP に相談するとしたら何を聞きたいか」といったことをイメージしながら学習するといいでしょう。

　実技試験では、保険証券や源泉徴収票の読取り問題なども出されます。こうした問題は、一見、難しそうですが、落ち着いて問題を読んでみると、じつは学科試験と同じことが問われているということも少なくありません。

スキマ時間を使って効率よく勉強を進めよう

　3級 FP 技能検定では、「一般の人が健全な資金計画を立ててライフプランを実現するために、どのような知識が必要か」といった観点で出題されます。また、基本的には**「落とす試験」ではなく、「受かる試験」**なので、極端に難しい問題や重箱の隅をつつくような細かい問題は出されません。そのため、きちんと時間を取って勉強をした方であれば受かる試験です。

　3級 FP 技能検定の場合、**30 時間程度が合格のための標準的な学習時間**です。週休2日の社会人であれば、休日を1日3時間程度勉強に充てれば、

1〜2カ月で合格レベルに達すると考えてください。とはいえ、仕事や育児、学校の授業などで日々忙しく過ごしているという場合、まとまった時間を取って勉強することは難しいかもしれません。

　そこで、学習するにあたっては、できるだけ**スキマ時間**を活用していく方法がおすすめです。電車での移動中や少しだけ早起きした朝などの10分や15分も、積もり積もればかなりの学習時間になるはずです。

合格への近道は、「毎日、少しずつ勉強する」

　3級FP技能検定では、6科目の非常に幅広い分野から出題されます。そのため、すべての科目を試験日までにマスターするには、きちんと計画を立てて学習を進める必要があります。

　できれば、**毎日、少しでもいいので勉強時間を確保しましょう。** 1週間に1日だけ10時間勉強するより、毎日1時間ずつ勉強をしたほうが、忘れにくい記憶として知識をしっかりと定着させることができます。

　また、どんな試験にもいえることですが、試験に合格するために「暗記」は必須です。専門用語をきちんと覚える、数字をしっかりと暗記するということも意識して学習しましょう。なかなか覚えられないというときは、「暗記カード」をつくって利用するのもおすすめです。さらに、本書の読者特典としてダウンロードできる、**テキストを読み上げた「聞き流し音声」を活用**すれば、いつでもどこでも「ながら学習」が可能です。

　ひと通りテキストで学習したら、『ゼロからスタート！　岩田美貴のFP3級問題集』を使って問題を解いてみましょう。問題集は、テキストを使いながら3回解くことをおすすめします。同書の巻末に掲載されている「**LECの公開模擬試験**」にもチャレンジしてみてください。また、問題集の読者特典である「**問題が解けるWebアプリ**」を活用すれば、お手持ちのパソコンやスマートフォンで、**手軽に試験対策が行えます。**

　テキストと問題集でしっかりと知識を身につけ、理解力を深めたうえで過去問を解いてみましょう。過去問は、試験実施機関のウェブサイトから無料でダウンロードできます。

「ゼロからスタート！FPシリーズ」はこう使う

本書は『ゼロからスタート！岩田美貴のFP3級問題集』（以下、問題集）と完全対応しています。ここでは、「ゼロからスタート！FPシリーズ」を活用し、約2カ月間の学習期間を想定したスケジュールをご紹介します。

Step1 インプット
イメージをつかむ！ 1週間
まずは本書をざっと一気読み！ 覚えなくてOK！試験で問われる内容を最初にざっと「知る」ことで、次のStep2でグッと理解が深まります

Step2 インプット
覚えるために読む！ 2週間
ここからが本番！ わからないことがあっても焦らずに、1つひとつ理解しながらじっくり読み進めていきましょう

Step3 アウトプット
チャレンジ！ 2週間

ひと通り知識が身についたら、『ゼロからスタート！岩田美貴のFP3級問題集』にトライ！ 解けない問題があってもOK！ 試験でどんな内容が問われるかを知りながらどんどん解いて、解法をゲット！ 問題を解くことで知識の定着を図ることができ、また学習すべきテーマが明確になります

Step4 インプット
復習＆苦手を読む！ 2週間
テキスト（本書）に戻り、問題を解いてわからなかった部分を重点的に読むなど、メリハリをつけて読みます。一問一答にもトライ！

Step5 アウトプット
再チャレンジ！ 1週間
再び問題集にチャレンジ＆巻末の模擬試験にもトライ！間違えた問題は、本書を読むなどして復習しましょう

Step6 イン＋アウトプット
本番に備える！ 1週間
Step5で間違えた問題や知識があいまいな箇所などについて、本書を読み返したり問題を解き直したりして重点的に学び、本番の試験に備えましょう！

最初にマンガで試験の全体像をつかむのもおススメです！

『マンガでわかる！岩田美貴の世界一やさしいFP3級』（KADOKAWA）

Contents 岩田美貴のFP3級1冊目の教科書

第1章

ライフプランニングと資金計画

第2章

リスク管理

第3章

金融資産運用

第4章

タックスプランニング

本文デザイン・DTP　Isshiki／フォレスト
本文イラスト　寺崎愛／福々ちえ

第 1 章

ライフプランニング と 資金計画

この科目では、ライフプランニングの手法と、国の社会保険制度について学習します。キャッシュフロー表や個人バランスシートを基に、家計を分析してプランニングする方法をしっかり理解しましょう。また、健康保険や介護保険、公的年金制度などの国の社会保険制度については、どの制度が、どんなときに役に立ち、どのような給付があるのかを整理し、理解しましょう。

01 ファイナンシャル・プランナーの役割とは?

信頼関係を築きながら顧客のライフプランの
実現に力を尽くす専門家です

　ファイナンシャル・プランニングとは、個人のライフプランを実現するために資金計画を立てることです。ライフプランとは、誰もが持っている将来の夢や希望を実現するための計画（生涯生活設計）のことで、それぞれの生き方や価値観（ライフデザイン）が反映されています。ファイナンシャル・プランナー（以下、FP）とは、顧客の収入や支出、資産・負債、保険の加入状況などのデータを集め、それらを分析し、顧客がライフプランを実現するためのアドバイスを行う専門家です。

　そのため、FP には金融商品だけでなく、保険、不動産、年金、税金といった幅広い知識が必要になり、その知識を用いて顧客の人生全般に対して包括的なプランニングを行うことが求められます。

FP に求められる社会的責任と職業倫理

　FP は顧客に最適なプランを提案するために、顧客との信頼関係を築き、さまざまな顧客の情報を把握する必要があります。顧客の信頼を得るためには、**関連する法律に従って仕事を行う必要**があります（20 ページ）。これを法令順守（コンプライアンス）といいます。

　また、**顧客の利益を最優先にプランニングを行う顧客利益の優先、FP が職務上知り得た顧客の情報は顧客の同意なく第三者に漏らさない**という守秘義務の厳守といった職業倫理を守る必要があります。

　そのほか、FP がプランニングを行う際は、顧客に事前に説明して同意を得たうえで、プランを提示するなどの配慮も必要です。

　このように FP として社会的責任感と倫理観を持ってプランニングをすることで、顧客の信頼を得ることができ、社会的にも大きな役割を果たすことができるのです。

ライフデザインとライフプラン

バリバリ仕事をする？
それとも趣味に
没頭したい？

結婚はする？
しない？

ライフデザイン
（生き方や価値観）

子どもはほしい？

どんな会社に
就職したい？

マイホームは買う？
買わない？

いつか自分で
起業したい？

老後はどうやって
過ごす？

将来の計画を立てよう！

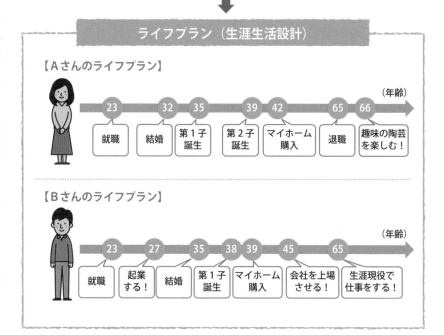

ライフプラン（生涯生活設計）

【Aさんのライフプラン】

（年齢）

23	32	35	39	42	65	66
就職	結婚	第1子誕生	第2子誕生	マイホーム購入	退職	趣味の陶芸を楽しむ！

【Bさんのライフプラン】

（年齢）

23	27	35	38	39	45	65
就職	起業する！	結婚	第1子誕生	マイホーム購入	会社を上場させる！	生涯現役で仕事をする！

1 資金計画

2 リスク管理

3 金融資産運用

4 タックスプランニング

5 不動産

6 相続・事業承継

02 FPと関連業法

FPには法律上、「できること」と
「できないこと」があります

　FP が顧客のライフプランニングを行う際は、業務に関連する法律を順守する必要があります。また、FP は金融商品や保険商品の提案をするだけでなく、年金のアドバイス、税金や相続に関する相談など、非常に幅広い分野にわたって業務を行いますが、**税理士や社会保険労務士、弁護士、保険募集人など、資格を持った専門家でなければできない業務がある**ため、関連業法についても注意する必要があります。

FP がとくに注意すべき関連業法

◆ 税理士、社会保険労務士、弁護士などとの関係

　税理士や社会保険労務士、弁護士などには、その資格を持っていないとできない業務が法律で定められています。そうした業務においては、FP がその資格を持っていない場合、税理士や社会保険労務士などの専門家と協力して業務を行うなどの配慮が必要です。

◆ 保険業法、金融商品取引法との関係

　保険の募集や保険契約の締結を行うためには、**保険募集人**の資格が必要です。また、投資判断の助言や顧客の資産運用を行うためには、**金融商品取引業者**として登録をしなければならないことが、金融商品取引法で定められています。

◆ 著作権法との関係

　他人の著作物を無断でコピーや転載することは著作権法違反に当たります。FP がセミナーなどで資料として配布する場合も、著作権者の許可が必要です。個人的に使用したり家庭内などの限られた範囲で使用する場合は著作権の侵害にはなりませんが、ブログに貼り付けたりする場合は、私的な使用であっても著作権の侵害に当たるため、注意が必要です。

◎ FP業務と関連業法

法律	FPができること	FPができないこと
税理士法	・顧客に一般的な税金のしくみを伝える ・仮定の数字で顧客の相談に回答する 　　　　　　　　　　　　　　　など	税理士資格を持たないFPは、無償であっても下記の業務は行えない ・個別具体的な税務相談 ・税務書類の作成
社会保険労務士法	・社会保険制度のセミナーを開催し、講師を務める ・顧客に年金制度を説明する 　　　　　　　　　　　　　　　など	社労士資格を持たないFPは、下記の業務は行えない ・社会保険関係の書類の作成 ・官公署への提出手続業務
弁護士法	・相続関連のセミナーを開催し、講師を務める ・公正証書遺言の証人となる 　　　　　　　　　　　　　　　など	弁護士資格を持たないFPは、下記の業務は行えない ・具体的な法律判断を下す ・具体的な法律業務を行う
保険業法	・顧客が加入している保険（保険証券）の分析をする ・現在加入している保険の見直しを提案する ・顧客が死亡した場合の必要保障額を計算する　　など	保険募集人資格を持たないFPは、下記の業務は行えない ・保険の募集 ・保険契約の締結
金融商品取引法	・投資セミナーなどで、今後の景気を予測する ・景気動向や企業実績など、基礎資料を提供する ・株価の過去の推移や騰落率などを提供する　　　など	投資助言・代理業者として登録していないFPは、下記の業務は行えない ・投資判断の助言 ・顧客の資産の運用

1 資金計画

2 リスク管理

3 金融資産運用

4 タックスプランニング

5 不動産

6 相続・事業承継

金融商品取引法の規定により、
投資助言や運用の代理を行うには、
内閣総理大臣への申請・登録が必要です！

03 ライフプランニングと ライフイベント表

ライフイベント表で顧客に「将来の夢」を
具体的に考えてもらいましょう

　ライフプランニングとは、自分の人生における夢や、こんな生活を送りたいという希望を実現するために、きちんとした計画（ライフプラン、18 ページ）を立てることです。そのライフプランを実現するためには、そのための資金を準備することが必要になります。FP は、**ライフイベント表**（右ページ）、**キャッシュフロー表**（25 ページ）、**個人バランスシート**（29 ページ）などのツールを使って、顧客の資金が不足しないようにライフプランニングを行います。ここでは、ライフイベント表のつくり方を見ていきましょう。

ライフイベント表で将来必要になる資金を把握する

　FP が顧客のライフプランニングを行う際は、まず顧客の希望や目標を聞き、経済的な現状を把握します。そのうえで、顧客が希望を実現するにあたって問題となる点を分析し、その問題点を解決して顧客が希望をスムーズに実現するためのプランを作成します。

　その手順の中で、いちばんのベースになるのがライフイベント表です。

　ライフイベント表とは、**顧客とその家族の将来のライフイベントと、それに必要な資金を時系列の表にまとめたもの**です。ライフイベント表を作成することは、FP がライフプランニングを行う際に役立つだけでなく、顧客自身が将来の希望や目標を明確にイメージできる効果もあります。

　ライフイベントとは、就職や結婚、子どもの教育、マイホームの取得など、人生で予想される大きな出来事のことですが、旅行やマイカーの購入、趣味の習い事など、資金が必要なこともライフイベント表に書き込んで OK です。

　ちなみに、ライフイベントの中で、**住宅取得資金**、**子どもの教育費**、**老後の生活資金**の 3 つは必要な資金が大きいため、「人生の三大支出」といわれています。

⊘ ライフプランニングの手順

Step 1 顧客の希望や目標を聞き、経済的な現状を把握する

Step 2 顧客の現状のデータを基にして、ライフプランを実現するうえでの問題点を分析する

Step 3 問題点を解決するためのプランを作成し、提案する

顧客の経済的な現状を把握するためには、収入と支出、貯蓄と負債（ローンなどの借入れ）の額、生命保険の加入状況などのデータが必要です！

⊘ ライフイベント表の例

経過年数（年）		現在	1	2	3	4	5	6	7	8	9	10
西暦（年）		2024	2025	2026	2027	2028	2029	2030	2031	2032	2033	2034
家族の年齢（歳）	田中祐樹	30	31	32	33	34	35	36	37	38	39	40
	田中雅子	29	30	31	32	33	34	35	36	37	38	39
	田中健太	3	4	5	6	7	8	9	10	11	12	13

家族の年齢は、一般的に12月31日時点の年齢を記入する

家族のライフイベントと必要資金											
田中祐樹	車買替え				マイホーム購入				家族旅行		
田中雅子						デザインの勉強	仕事復帰				
田中健太			幼稚園入園		小学校入学						中学校入学
必要資金	100万円		20万円		30万円	1,000万円	50万円			50万円	50万円

夢を実現するために必要な資金を書いていく

1 資金計画

2 リスク管理

3 金融資産運用

4 タックスプランニング

5 不動産

6 相続・事業承継

04 キャッシュフロー表のつくり方

キャッシュフロー表をつくって
家計のお金の流れと金融資産残高を予想します

　キャッシュフロー表とは、**将来のライフイベントと現在の収入・支出、金融資産残高などを基にして、「将来の家計の状況」を予想して表にまとめたもの**です。キャッシュフロー表を作成することで、家計の今後のお金の流れがわかり、ライフイベントを実現するための問題点が明らかになります。

キャッシュフロー表に盛り込む項目

　キャッシュフロー表に盛り込む項目には、**①年間収入、②年間支出、③年間収支、④金融資産残高**などがあります。また、給与収入など毎年その額が増えるものや、基本生活費など物価の変動によって支出額が変わるものは、**⑤変動率**を設定します。

❶年間収入

　給与収入など年間の収入のこと。複数の収入がある場合は、項目（行）を分けて記入して、年間の収入合計を算出します。収入の金額は、額面の収入から税金や社会保険料を差し引いた**可処分所得**を記入します。

❷年間支出

　基本生活費や住居費など、何のために支出した金額かに分けてそれぞれの年間支出額を記入します。各項目の支出額を合計して支出合計の額を算出します。

❸年間収支

　❶年間収入から❷年間支出を差し引いて年間収支を計算します。収入よりも支出が多い年は年間収支がマイナスになります。

❹金融資産残高

　その年の貯蓄額などを記入します。金融資産残高がマイナスになっている場合、貯蓄額などより借入れの額が多いことがわかります。

1 資金計画
2 リスク管理
3 金融資産運用
4 タックスプランニング
5 不動産
6 相続・事業承継

◎ キャッシュフロー表の例

❶ 年間収入　❷ 年間支出　❸ 年間収支　❹ 金融資産残高　❺ 変動率

経過年数（年）		基準年	1	2	3	4	5	6	7	8	9	10
西暦（年）		2024	2025	2026	2027	2028	2029	2030	2031	2032	2033	2034
家族の年齢（歳）	田中祐樹	30	31	32	33	34	35	36	37	38	39	40
	田中雅子	29	30	31	32	33	34	35	36	37	38	39
	田中健太	3	4	5	6	7	8	9	10	11	12	13
家族のライフイベント												
田中祐樹			車買替え				マイホーム購入				家族旅行	
田中雅子								デザインの勉強	仕事復帰			
田中健太				幼稚園入園		小学校入学						中学校入学
年間収入												
	変動率											
給与収入	1%	400	404	408	412	416	420	425	429	433	437	442
その他の収入	0%								200	200	200	200
収入合計		400	404	408	412	416	420	425	629	633	637	642
年間支出												
基本生活費	1%	200	202	204	206	208	210	212	214	217	219	221
住居費	0%	120	120	120	120	120	120	150	150	150	150	150
教育費	1%	10	10	20	21	31	32	32	32	32	33	55
保険料	0%	15	36	36	36	36	36	36	36	36	36	36
その他の支出	1%	20	20	20	21	21	21	21	21	22	22	22
一時的支出	0%	100					1,000	50			50	
支出合計		465	388	400	404	416	1,419	501	453	457	510	484
年間収支		-65	16	8	8	0	-999	-76	176	176	127	158
金融資産残高	1%	1,000	1,026	1,044	1,063	1,073	85	10	186	364	495	657

変動率が設定されている項目は、翌年以降、変動率を加味した将来値の額を記入する

（単位：万円）

1年後の金融資産残高を計算してみると…
1,000万円 ×（1＋0.01）＋（404万円－388万円）＝1,026万円

お金の流れをざっくりと把握することが目的なので、金額は1万円単位でOKです

可処分所得とは？

　先述した通り、キャッシュフロー表の年間収入の欄には、額面の収入ではなく可処分所得を記入します。可処分所得とは、額面の収入（年収）から税金（所得税・住民税）と健康保険や厚生年金保険などの社会保険料を差し引いたもので、その人が自分の考えで使うことができる金額です。**ライフプランニングの際には、可処分所得を基に資金計画を考える**ことが重要です。

　　可処分所得 ＝ 額面の収入金額 － （税金 ＋ 社会保険料）

6 つの支出の内訳

　キャッシュフロー表の年間支出の欄は、そのお金の使い方によって主に6つの項目を分けて記入します。

❶基本生活費：食費、光熱費、電話代、小遣い、雑費 など

❷住居費：家賃、住宅ローンの返済金、管理費、固定資産税 など

❸教育費：学校教育費、学校外教育費（塾や習い事）など

❹保険料：生命保険と損害保険の保険料

❺その他の支出：交際費、耐久消費財の購入費用、慶弔費用 など

❻一時的支出：住宅購入の頭金、車の購入費用、家族旅行の費用 など

キャッシュフロー表の作成に必要な計算式

　キャッシュフロー表を作成するにあたって、変動率を加味して各年の収入と支出を計算したうえで、年間収支と金融資産残高を計算します。その際には、以下の3つの計算式を使います。

　① 将来の金額 ＝ 現在の金額 × （1＋ 変動率）^{年数}

　② 年間収支 ＝ 年間収入 － 年間支出

　③ 金融資産残高 ＝ 前年の金融資産残高 × （1＋ 変動率）± その年の年間収支

◉ 変動率が設定されている場合の計算方法

数年後の「給与収入」を計算する場合

計算式

翌年の収入額 ＝ 本年の収入額 × （1＋変動率）

【例】現在の給与収入（可処分所得）が400万円、変動率が1％の場合
1年後の給与収入：400万円 × （1 ＋ 0.01）＝ 404万円
2年後の給与収入：404万円 × （1 ＋ 0.01）＝ 408万円

計算式

n年後の給与収入 ＝ 現在の給与収入 × （1＋変動率$)^n$

【例】現在の給与収入（可処分所得）が400万円、変動率が1％の場合
3年後の給与収入 ＝ 400万円 × （1 ＋ 0.01$)^3$＝412万円

数年後の「金融資産残高」を計算する場合

計算式

翌年の金融資産残高
　＝ 本年の金融資産残高 × （1＋変動率） ± 翌年の年間収支

【例】本年の金融資産残高が1,000万円、変動率1％、1年後、2年後、
　　　3年後の年間収支がそれぞれ＋16万円、＋7万円、＋8万円の場合

1年後の金融資産残高：1,000万円 ×（1 ＋ 0.01）＋ 16万円 ＝ 1,026万円
2年後の金融資産残高：1,026万円 ×（1 ＋ 0.01）＋ 7万円 ＝ 1,043万円
3年後の金融資産残高：1,043万円 ×（1 ＋ 0.01）＋ 8万円 ＝ 1,061万円

ワンポイント

将来を予測するにはキャッシュフロー表等を 20～30 年分作成する

家計の将来を予測するためには、ライフイベント表やキャッシュ
フロー表を20～30年分作成しましょう。エクセルなどの表計算ソ
フトを使えば、簡単に作成できます。

1 資金計画

2 リスク管理

3 金融資産運用

4 タックスプランニング

5 不動産

6 相続・事業承継

05 個人バランスシートのつくり方

個人バランスシートによって、ある時点での
資産と負債のバランスを確認できます

　キャッシュフロー表では、家計の将来のお金の流れと一定期間後の金融資産残高が把握できますが、資産の内訳や負債の額はわかりません。そこで、**個人バランスシート**を作成することで、ある時点の資産と負債を比較して家計のバランスをチェックし、**家計の純資産**を把握します。

　家計の資産合計から負債合計を引いたものが純資産です。純資産の値がプラスであれば健全な家計であるといえますが、マイナスになっていれば家計のバランスが崩れて危ない状況であると判断できます。

左側に資産、右側に負債を記入

　個人バランスシートのしくみは、企業が用いる**貸借対照表**（バランスシート）と同じで、**左側に①資産の内訳とその額**を、**右側に②負債の内訳とその額**を記入します。資産の額を合計した額が資産合計、負債の額を合計した額が負債合計です。**資産合計の額から負債合計の額を引くことで、③純資産の額を計算**することができます。

①資産

　金融資産、生命保険、自宅、自動車など、保有している資産ごとにその金額を記入します。記入する金額は、その時点での残高（時価）です。

　金融資産は、普通預金、定期預金、株式といった商品ごとに書き出します。

②負債

　住宅ローン、自動車ローンなどの負債の額を記入します。記入する金額は、最初に借り入れた額ではなく、その時点での残高です。

③純資産

　①資産の額の合計から②負債の額の合計を引いたものが純資産です。純資産がプラスであれば、家計は健全と考えることができます。

🎯 個人バランスシートの例

その年の年末など、基準となる
日を設定する

普通預金や定期預金は、
その時点の残高を記入する

(2023 年 12 月 31 日現在)

❶資産		❷負債	
金融資産			
普通預金	100 万円	住宅ローン	3,000 万円
定期預金	300 万円	自動車ローン	50 万円
株式	100 万円		
投資信託	300 万円	負債合計	3,050 万円
生命保険（解約返戻金の額）	100 万円	❸純資産	
自宅	3,500 万円		
自動車	100 万円		1,450 万円
資産合計	4,500 万円	負債・純資産合計	4,500 万円

生命保険は、保険金の額ではなく、
解約返戻金（かいやくへんれいきん）の額を記入する

負債の額は、借入額ではなく、
その時点での残高を記入する

株式や投資信託などは、
その時点の評価額を記入する

FP 3 級では個人バランスシートの
純資産の額を計算する問題が頻出です！

1 資金計画

2 リスク管理

3 金融資産運用

4 タックスプランニング

5 不動産

6 相続・事業承継

06 資金計画のための6つの係数

「終価」「現価」「減債基金」などの6つの係数で
必要な資金を簡単に計算しましょう

　資金計画を立てるときに、必要資金の将来値（現在の金額がインフレによって将来いくらになるか）や、現在値（将来必要な資金を準備するために今、いくら必要か）を計算する必要があります。その際、6つの係数を使うことで、必要な金額を簡単に計算することができます。

　係数には、①終価係数、②現価係数、③年金終価係数、④減債基金係数、⑤年金現価係数、⑥資本回収係数の6つがあり、利率と年数ごとに決まっている**各係数の数値を金額に掛ける**ことで必要資金が計算できます。

❶終価係数

　現在ある金額を一定の利率で運用した場合、**一定期間後にその金額がいくらになっているか**を求める係数です。

❷現価係数

　将来、ある金額を得るために**今いくらあればいいか**を求める係数です。

❸年金終価係数

　毎年一定の金額を**積み立てて**、一定の利率で運用した場合、**一定期間後にいくらになるか**を求める係数です。

❹減債基金係数

　一定期間後に必要な金額を準備するために、毎年、**いくら積立てをすればいいか**を求める係数です。

❺年金現価係数

　一定期間にわたって運用しながら、**毎年一定の金額を受け取るために、今いくらあればいいか**を求める係数です。

❻資本回収係数

　今ある金額を一定の期間にわたって、運用しながら取り崩した場合、**毎年いくら受け取ることができるか**を求める係数です。

◎ 6つの係数とは？ （各係数の数値は32ページ参照）

❶終価係数
現在の額から将来の額を求める

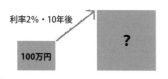

> **例** 100万円を年2%で複利運用すると、10年後にはいくらになるか？
> ➡100万円 ×1.219＝121万9,000円

❷現価係数
将来の額から現在の額を求める

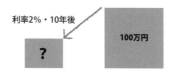

> **例** 10年後に100万円必要な場合、年2%で複利運用するとすれば、今いくらあればいいか？
> ➡100万円 ×0.8203＝82万300円

❸年金終価係数
毎年の積立額から将来の額を求める

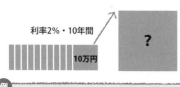

> **例** 毎年10万円を年2%で複利運用しながら、10年間積み立てると、いくらになるか？
> ➡10万円 ×10.950＝109万5,000円

❹減債基金係数
将来の額から毎年の積立額を求める

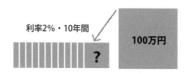

> **例** 10年間で100万円貯めるには、年2%で複利運用する場合、毎年いくら積み立てればいいか？
> ➡100万円 ×0.09133＝9万1,330円

❺年金現価係数
一定の年金をもらうために
必要な年金原資を求める

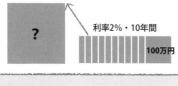

> **例** 毎年100万円ずつ10年間年金を受け取りたい。年2%で複利運用するとして、今いくらあればいいか？
> ➡100万円 ×8.983＝898万3,000円

❻資本回収係数
年金原資（手持ち資金）を基に
毎年受け取る年金額を求める

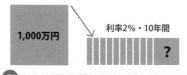

> **例** 1,000万円を年2%で複利運用しながら10年間で取り崩す場合、毎年の年金額はいくらになるか？
> ➡1,000万円 ×0.11133
> ＝111万3,300円

1 資金計画
2 リスク管理
3 金融資産運用
4 タックスプランニング
5 不動産
6 相続・事業承継

各係数の数値は、たとえば利率が２％の場合、次のようになります。

◎ 利率２％の場合の６つの係数

期間	終価係数	現価係数	年金終価係数	減債基金係数	年金現価係数	資本回収係数
1年	1.020	0.9804	1.000	1.00000	0.980	1.02000
5年	1.104	0.9057	5.204	0.19216	4.713	0.21216
10年	1.219	0.8203	10.950	0.09133	8.983	0.11133
15年	1.346	0.7430	17.293	0.05783	12.849	0.07783
20年	1.486	0.6730	24.297	0.04116	16.351	0.06116

なお、FP３級の試験では６つの係数を使った問題が出されますが、いくつかの係数が与えられるので、数字を暗記する必要はありません。「どんなときに、どの係数を使うか」をしっかり覚えておけば正解できます。

たとえば、「５年後に海外の大学に留学したい。利率２％で運用して５年間で必要資金200万円を貯めるためには、毎年いくら貯金すればいいか」という場合、どの係数を使えばいいでしょうか。将来の額（５年後までに200万円）から毎年の積立額を求めるわけですから、使うのは「減債基金係数」ですね。

具体的な計算式は以下のようになります。

利率２％・期間５年間の減債基金係数 → 0.19216（上の表参照）

計算式

200万円× 0.19216 ＝ 384,320円

利率２％で運用しながら、毎年38万4,320円ずつ積立てをすれば、５年間で200万円になる！

係数には、上記の利率２％のものだけでなく、利率１％、３％などいろいろあり、インターネットで調べることもできます。

◎ 6つの係数を使った計算問題を解いてみよう！

【問1】 100万円の貯金を、利率2％の定期預金に15年間預け入れた場合、15年後にはいくらになっているか。

現在の額から将来の額を求める → 終価係数を用いる

・利率2％、期間15年間の終価係数 → 1.346（下の表参照）

| 計算式 | **100万円 × 1.346 ＝ 1,346,000円** |

→ 100万円が15年後には、134万6,000円になる

【問2】 今後15年間で毎年25万円ずつ積立貯金をして子どもの教育資金を準備したい。利率2％で運用できるとしたら、15年後の積立額はいくらになっているか。

毎年の積立額から将来の額を求める → 年金終価係数を用いる

・利率2％、期間15年間の年金終価係数 → 17.293（下の表参照）

| 計算式 | **25万円 × 17.293 ＝ 4,323,250円** |

→ 毎年25万円ずつ積立貯金をすると15年後には、432万3,250円になる

【問3】 2,000万円の老後資金を、今後2％で運用しながら15年で取り崩すとしたら、毎年受け取ることができる金額はいくらか。

年金原資を基に毎年受け取る年金を求める → 資本回収係数を用いる

・利率2％、期間15年間の資本回収係数 → 0.07783（下の表参照）

| 計算式 | **2,000万円 × 0.07783 ＝ 1,556,600円** |

→ 毎年受け取れる年金額は、155万6,600円になる

<係数早見表（利率2.0％）>

	終価係数	年金終価係数	資本回収係数
15年	1.346	17.293	0.07783

「自分の夢を実現するためにいくら必要か」など、具体的な数字で計算してみましょう！

1 資金計画
2 リスク管理
3 金融資産運用
4 タックスプランニング
5 不動産
6 相続・事業承継

マイホームの資金準備

マイホームは、資金計画が必要な
人生の三大支出の1つです

　住宅取得資金、子どもの教育費、老後の生活資金は「人生の三大支出」といわれ、ライフプランの中でも、大きなウエイトを占めます。中でも、マイホームの購入は、人生でもっとも大きな夢という人も多く、大きな買い物であるため、しっかりと資金計画を立てる必要があります。

　マイホームを購入する際、**住宅ローン**（36ページ）を組むのが一般的ですが、金融機関の融資限度額は物件価格の8割を上限としていることが多いため、**残りの2割を頭金**として準備する必要があります。

　また、それ以外にも、住宅購入時の税金や住宅ローンの事務手数料などさまざまな費用が必要となるため、住宅購入時には、購入したい住宅の**価格の3割程度の自己資金**を準備するのが望ましいでしょう。

〔住宅購入時の諸費用〕
税金：不動産取得税、登録免許税、印紙税
住宅ローン関係：事務手数料・保証料、団体信用生命保険料
その他：仲介手数料、登記手続き費用、火災保険料　など

自己資金の準備方法

　自己資金を準備するための代表的な金融商品として、**財形住宅貯蓄**（126ページ）があります。

　財形住宅貯蓄は、**給与天引きの積立制度**で、**一定金額まで非課税で積立**をすることができます。会社で財形制度を導入している企業の従業員等が利用することができ、会社役員、自営業者、自由業者等は利用できません。

　積み立てた資金は、自己名義の住宅の購入や増改築時に非課税で払い出すことができます。

◎ 住宅購入時の費用

税金　不動産取得税、登録免許税、印紙税

住宅ローン関係　事務手数料・保証料、団体信用生命保険料

その他　仲介手数料、登記手続き費用
　　　　　　　　　　　　　　　　　　　　　など

そのほかにも、火災保険料や引っ越し代、
家具・家電製品の購入費用など、住宅購入には、
さまざまな経費がかかります！

◎ 財形住宅貯蓄の概要

概要	・給与天引きの積立て（勤務先に制度がある場合、利用できる）
要件	【利用できる人】 ・勤労者で、契約時の年齢が 55 歳未満の人 ・1 人 1 契約のみ 【利用できない人】 ・会社役員、自営業者、自由業者など
メリット	・元利合計、または払込保険料累計額で 550 万円まで、非課税で積立てできる（ただし、住宅取得・増改築等以外の払出しは課税） ・財形制度の住宅ローンである財形住宅融資を利用することができる（融資限度額は住宅取得価額の 90％以内で、貯蓄残高の 10 倍以内か 4,000 万円のいずれか少ない額）

1 資金計画

2 リスク管理

3 金融資産運用

4 タックスプランニング

5 不動産

6 相続・事業承継

08 住宅ローンの組み方

重要度 ★★★

住宅購入のための資金として借りる
住宅ローンのしくみと返済方法を理解しましょう

住宅ローンとは、融資額と返済期間を決めて、金融機関から住宅購入のための資金を借りることです。融資を受けた元金だけでなく、利息も合わせて返済する必要があります。大きな金額を借り入れることになるので、無理なく返済できる資金計画をしっかり立てましょう。

「元利均等」と「元金均等」の2つの返済方法

◆元利均等返済

毎月の返済額（元金と利息の合計）が一定の返済方法で、返済が進むにつれて利息の返済額が少なくなるため、元金部分の返済額が多くなります。

返済額が一定なので、将来にわたる返済計画が立てやすいメリットがありますが、元金均等返済と比べると、元金と利息の合計を足した総返済額は多くなります。

◆元金均等返済

毎月の元金を一定にする返済方法です。返済当初は元金の残高が多いため利息が多く、合計の返済額が多くなりますが、返済が進むにつれて、月々の返済額（元金と利息の合計）は少なくなります。

元利均等返済と比べると、総返済額は少なくなりますが、返済が始まった当初の返済額が多くなってしまうデメリットがあります。

変動金利は固定金利より適用利率が低い

住宅ローンの金利には、固定金利、変動金利、固定金利選択型などがあります。変動金利は固定金利より適用利率は低いですが、金利が上昇すると支払う利息が多くなります。固定金利選択型では、当初の一定期間が固定金利で、その後、固定金利か変動金利かを選択します。

🅰 住宅ローンの返済方法

元利均等返済

毎回の返済額（元金と利息の合計）
が一定

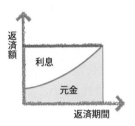

返済当初は利息の割合が多いが、
返済が進むにつれて元金の割合が多くなる

元金均等返済

毎回返済する元金の額が一定

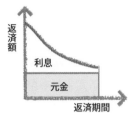

当初は返済額（元金＋利息）が多いが、
返済が進むにつれて返済額が少なくなる

🅰 住宅ローンの金利の種類

固定金利

・借入れ当初の金利を最後まで適用
・利息の返済額が一定なので、返済計画を
　立てやすい

変動金利

・市場金利の変動にともない、適用利率が変動
　する
・固定金利よりも金利水準は低いが、市場金利
　の上昇時は返済額が増えてしまうことがある

固定金利選択型

一定期間後に固定金利か変動金利かを選択

・固定金利の期間は、借入れ当初から
　2年、3年、5年、10年などを選択
　できる
・固定金利の期間が長いほど、適用利
　率は高くなる

元利均等返済と元金均等返済の違いを、
しっかりと覚えましょう！

1 資金計画
2 リスク管理
3 金融資産運用
4 タックスプランニング
5 不動産
6 相続・事業承継

住宅ローンの繰上げ返済

重要度 ★★☆

毎月の返済とは別の「繰上げ返済」で
住宅ローンの総返済額を少なくできます

住宅ローンの繰上げ返済とは、返済期間中に、毎月の返済とは別に、**元金の一部や全部を予定よりも早く返済**することです。繰上げ返済することで、将来支払うはずだった利息を払わなくて済むため、住宅ローンの総返済額が少なくなります。繰上げ返済の方法には、期間短縮型と返済額軽減型があり、**期間短縮型のほうが返済額軽減型よりも利息軽減効果が高く**なります。

◆ 期間短縮型

住宅ローンの元金の一部を返済することで、**返済期間を短縮する方法**です。期間短縮型では、繰上げ返済後の毎月の返済額は変わりません。

◆ 返済額軽減型

住宅ローンの元金の一部を返済することで、**繰上げ返済後の毎月の返済額を減らす方法**です。繰上げ返済後の返済期間は変わりません。

住宅ローンの種類と内容

住宅ローンには、公的融資と民間融資があります。公的融資の代表が、住宅金融支援機構と民間金融機関が協調して融資を行う**フラット35**です。フラット35は**長期（最長35年）固定金利の住宅ローン**です。

◎ フラット35の特徴

融資主体	民間金融機関
資金使途	本人または親族が住むための新築住宅の建築・購入資金、または中古住宅の購入資金
融資額	8,000万円まで
返済期間	15年から35年（完済時の年齢は80歳以下）
金利	長期固定金利または段階金利、融資実行時の金利が適用

◎住宅ローンの繰上げ返済

期間短縮型

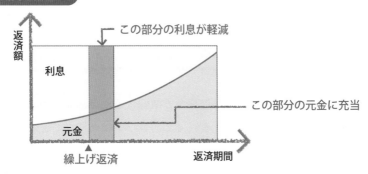

返済額

利息

元金

↑この部分の利息が軽減

この部分の元金に充当 →

▲ 繰上げ返済　　返済期間

Point

・期間短縮型のほうが、返済額軽減型よりも利息軽減効果が高くなる
・期間短縮型では、早い時期に繰上げ返済をしたほうが、利息軽減効果が高くなる

返済額軽減型

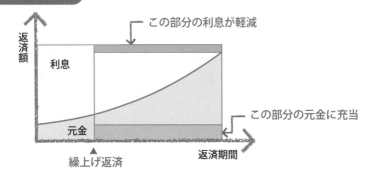

返済額

利息

元金

↑この部分の利息が軽減

この部分の元金に充当 →

▲ 繰上げ返済　　返済期間

📖✒️ 問題にチャレンジ！

問題　住宅ローンのフラット35は、住宅金融支援機構と民間金融機関が提携した融資で、融資金利は金融機関によって異なる。〇か×か？

解説　「フラット35」は民間の金融機関が融資を行い、住宅金融支援機構がそれを保証します。そのため、融資金利は金融機関によって異なります。　　　　　　　　　　　　　　答え　〇

1 資金計画

2 リスク管理

3 金融資産運用

4 タックスプランニング

5 不動産

6 相続・事業承継

10 教育費

教育費の準備と
教育ローン・奨学金

重要度 ★★☆

「早めに準備してコツコツ貯める」のが
教育費を無理なく貯めるポイントです

　子どもの教育にかかる費用を無理なく準備するためには、子どもが小さいうちから、しっかりと資金計画を立てて、コツコツと積立てをするのが鉄則です。教育費を準備するための保険が**こども保険（学資保険）**です。十分な資金を準備できなかった場合には、**教育ローンや奨学金制度の利用**なども考える必要があります。

教育資金の準備方法

◆こども保険（学資保険）

　生命保険会社や損害保険会社などが販売しているこども保険（学資保険）は、教育費を準備するための商品です。

　満期時に決められた満期保険金を受け取って学費として使うことができる**貯蓄機能**と、契約者である親が死亡したときなどに、以降の保険料が免除されるなどの**保障機能**を兼ね備えています。

◆教育ローン

　教育ローンには、公的な教育ローンと民間金融機関が行う教育ローンがあります。公的な教育ローンでは、**日本政策金融公庫**が融資を行う**教育一般貸付（国の教育ローン）**が代表です。

◆奨学金制度

　もっとも代表的な奨学金は、**日本学生支援機構**の奨学金で、**第一種奨学金（貸付型・無利息）**と**第二種奨学金（貸付型・有利息）**があります。第一種奨学金と第二種奨学金には返済義務がありますが、2017年からは、意欲と能力のある若者が経済的な理由で学業を断念することがないように、返済義務のない**給付型奨学金**が導入されました。貸付型奨学金と給付型奨学金を併用することもできます。

◎ こども保険（学資保険）

概要	・決められた保険料を支払うことで、満期時に満期保険金を受け取れる ・高校入学時、大学入学時に学資金を受け取れるものなど、さまざまなタイプがある ・契約者である親が死亡したり、高度障害になったりした場合、それ以降の保険料の支払いが免除されるが、保障は継続する ・親の死亡後、育英年金などが支払われるタイプの商品もある

◎ 教育一般貸付

融資限度額	学生1人につき350万円 （自宅外通学、海外留学など、 一定の要件のもとで450万円）
融資条件	固定金利 返済期間は、最長18年（在学期間中は利息のみの返済可）
その他	扶養する子どもの数による世帯の年収制限あり （子どもが1人の場合、給与収入790万円以下、 事業所得600万円以下）

借りたお金は、入学金や授業料だけでなく、受験費用や下宿代・定期代などに使うこともできます

◎ 日本学生支援機構の奨学金

	第一種 奨学金	第二種 奨学金
利息	利息なし	利息あり（利率3％が上限） ただし、在学中は利息なし
借入金の返済	定額返還方式、所得連動返還方式などがある	
対象者	とくに優れた学生、および生徒で 経済的理由により著しく就学困難な者	第一種奨学金よりゆるやかな 基準で選考された者

日本学生支援機構の奨学金以外にも、大学や自治体が行っているものなど、いろいろな種類の奨学金があります

ワンポイント

給付型奨学金は親の収入や本人の学力などが支給基準になる

意欲と能力のある人が経済的な理由で進学できないことがないように導入された奨学金制度で、生計維持者（親）の収入や資産の状況と本人の学力などの基準によって支給を受けることができます。

1 資金計画
2 リスク管理
3 金融資産運用
4 タックスプランニング
5 不動産
6 相続・事業承継

リタイアメントプランの考え方

老後資金は「生活資金・予備資金・ゆとり資金」の
3つに分けて考えましょう

　退職後や老後の生活設計をリタイアメントプランといいます。

　日本は世界有数の長寿国であり、平均寿命は毎年伸び続けています。一方、人生100年時代といわれる時代となり、会社の定年後も働き続けるかどうか、誰とどこで老後の生活を送るかなど、老後の過ごし方はさまざまです。幸せなセカンドライフを送るためには、具体的にどんな生活をしたいかをイメージし、そのための資金計画を立てておく必要があります。

老後の生活資金

　老後の生活資金の中心は退職金、公的年金、貯蓄の3つです。これらの収入と、老後の生活費などの必要資金を見積もり、不足額があれば、早めにそれを準備する方法を考えましょう。準備するための方法としては、**退職後も仕事をして収入を得る**、**手持ちの資金を運用**するなどの方法が考えられます。また、老後に予想される生活費などの支出を減らすことも、老後の生活資金がマイナスにならないようにする1つの方法です。

老後資金の運用のポイント

　老後の資金運用は、一般的に、リスクの高い金融商品での運用は避け、**安全性・流動性を重視して金融商品を選択**します。収益性の高い商品はリスクも高いため、損失を被った場合、生活に必要な資金を失ってしまう危険があります。

　老後資金は、**生活資金**、**予備資金**、**ゆとり資金**の3つに分けて考えると、計画が立てやすいでしょう。生活資金や予備資金が十分に確保できていれば、ゆとり資金の一部を、株式や株式投資信託など投資型の商品で運用しても構いません。

◎ 老後資金は3つに分けて考える

生活資金	予備資金	ゆとり資金
基本的な生活費 （食費、光熱費、電話代、被服費、交際費など）	入院や介護、自宅のリフォーム費用など	旅行、趣味などの費用

◎ 老後の生活資金の見積もり方

夫婦2人の場合

計算式

退職前の生活費 × 0.7 × 平均余命までの年数

> 会社を退職したら、基本的な生活費は在職時よりも少なくなります

夫または妻のみの場合

計算式

退職前の生活費 × 0.5 × 平均余命までの年数

> 一般的には、平均余命までの年数で計算をしますが、少しゆとりを持って資金計画を立てておけば安心です

ワンポイント

「平均余命」と「平均寿命」の違いを理解しよう

平均余命とは、ある年齢の人があと何年生きられるかの平均で、0歳の人の平均余命＝平均寿命となります。2022年の厚生労働省の調査では、日本人の平均寿命は男性が81.05歳、女性が87.09歳でした。

1 資金計画

2 リスク管理

3 金融資産運用

4 タックスプランニング

5 不動産

6 相続・事業承継

公的保障とは？

私たちの生活を守るため、公的保障として
国などからさまざまな給付を受けられます

　私たちが生活をしていくうえで、病気やケガ、失業や老齢などによって、自分の努力だけでは生活を維持することが難しくなってしまうことがあります。そのようなときに、本人や家族、遺族が国などからさまざまな給付を受けることができるのが、**社会保険制度**です。

　日本の社会保険制度には大きく、①医療保険、②介護保険、③年金保険、④労災保険、⑤雇用保険の５つがあります。なお、労災保険と雇用保険は労働者が加入する保険で、両者を合わせて労働保険と呼びます。

◆ 医療保険

　業務外の病気やケガ、死亡、出産などのときに給付を行う制度です。職業や年齢によって加入する制度が異なります。

◆ 介護保険

　主に、**加齢によって介護が必要になったときに給付**を行う制度です。40歳以上の人が加入する義務があります。

◆ 年金保険（公的年金制度）

　国民年金と厚生年金保険があり、それぞれ**老齢、障害に対する給付と遺族に対する給付**を行います。老齢給付（老齢年金）は、老後の生活資金の中心と考えられます。

◆ 労災保険（労働者災害補償保険）

　業務上や通勤途上の病気やケガ、障害、死亡のとき、本人や遺族に対して給付を行います。

◆ 雇用保険

　失業、雇用促進、雇用継続などに対して給付を行います。失業した際に給付を受けられるのが基本手当です。

◎ 社会保険制度の全体像

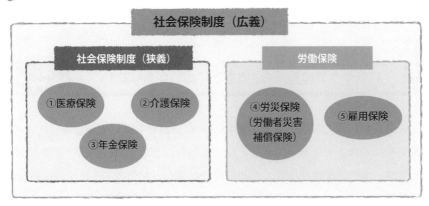

社会保険制度（広義）

社会保険制度（狭義）
- ①医療保険
- ②介護保険
- ③年金保険

労働保険
- ④労災保険（労働者災害補償保険）
- ⑤雇用保険

◎ 社会保険制度の種類と給付

社会保険制度（狭義）			労働保険	
年齢や職業によって加入する制度が異なる			労働者（雇われて働く人）が加入する保険	
①医療保険	②介護保険	③年金保険	④労災保険（労働者災害補償保険）	⑤雇用保険
業務外の疾病、負傷、死亡、出産などに対する給付	介護のためのサービスの給付	老齢、障害、遺族に対する給付	業務上、通勤途上の疾病、負傷、障害、死亡などに対する給付	失業、雇用促進、雇用継続などに対する給付

どんなときに、どの制度から給付を受けられるかを覚えましょう！

問題にチャレンジ！

問題　会社員が業務外の疾病等で医師の治療を受けた場合、労災保険の給付を受けることができる。○か×か？

解説　会社員の場合、業務外の疾病等は健康保険の給付の対象に、業務上の疾病等は労災保険の給付の対象になります。　　答え　×

1 資金計画

2 リスク管理

3 金融資産運用

4 タックスプランニング

5 不動産

6 相続・事業承継

公的保障❷

医療保険

重要度 ★★★

公的医療保険では、
病気やケガの治療のときなどに給付があります

　公的医療保険では、業務外の病気やケガで治療を受けたときだけでなく、病気や出産などで仕事ができなくなった場合なども、給付を受けることができます。公的医療保険には、会社員や公務員などが加入する被用者保険（健康保険、共済組合）と、自営業者などが加入する国民健康保険があります。

健康保険のしくみ

　健康保険では、**被保険者とその被扶養者に対して、業務外の病気やケガ、出産などについて給付**を行います。全国健康保険協会が保険者（制度を運営する主体）となる**協会管掌健康保険**と、健康保険組合が保険者となる**組合管掌健康保険**があります。

　健康保険では、会社員本人（被保険者）だけでなく、その被扶養者も給付を受けることができます。健康保険の被扶養者になるためには、以下の要件があります。

〔健康保険の被扶養者の要件〕
・生計が同一の親族（3親等内）
・年間収入が130万円未満（60歳以上および障害者は180万円未満）で、かつ被保険者の年収の2分の1未満

　健康保険の療養の給付では、医師の治療を受ける際の自己負担割合が、原則3割になりますが、それ以外にも高額療養費、傷病手当金、出産手当金などの給付があります。健康保険の保険料は、標準報酬月額および標準賞与額に、都道府県によって異なる一定の料率を掛けた額で、被保険者本人と会社が半分ずつ負担します。これを**労使折半**といいます。

◆ 任意継続被保険者制度

　会社を退職すると健康保険は脱退しますが、申請することで、退職後も健

◎ 健康保険の主な給付

> 健康保険の給付の中では、療養の給付がいちばん多い

療養の給付 （家族療養費）	・業務外の病気やケガで医師の治療を受ける場合に給付される
高額療養費	・1カ月に支払った医療費の自己負担額が一定の限度額を超えたときに支給される
傷病手当金	・被保険者が、業務外の病気やケガで働けない場合に支給される ・休業前12カ月の標準報酬月額の平均額÷30日の2/3の額が支給される（通算1年6カ月）
出産手当金	・被保険者が出産した場合、出産日以前42日から出産日後56日までの期間で働かなかった日について支給される ・休業前12カ月の標準報酬月額の平均額÷30日の2/3の額が支給される ・任意継続被保険者や資格喪失後の出産は対象外となる
出産（家族出産） 育児一時金	・1児につき50万円（産科医療補償制度に加入している医療機関での出産の場合）が一時金として給付される

◎ 療養の給付の自己負担割合

70歳以上75歳未満	2割（一定以上の所得者は3割）
70歳未満	3割
未就学児（義務教育就学前）	2割

> 自治体によっては、未就学児や小学生だけでなく、高校生まで医療費を無料としているところもあります！

ワンポイント

「保険者」「標準報酬月額」「標準賞与額」とは？

保険者：その制度を運営する主体のこと

標準報酬月額：毎年4月から6月に支払われた給料の平均額に基づき決定される金額で、50段階に区分されて等級が設定されている

標準賞与額：支払われた賞与の額で、年度の合計額で573万円が上限

1 資金計画

2 リスク管理

3 金融資産運用

4 タックスプランニング

5 不動産

6 相続・事業承継

康保険の被保険者になることができます。これを**任意継続被保険者**といいます（この場合、保険料は被保険者が全額自己負担）。任意継続被保険者の要件には、以下の３つがあります。

〔任意継続被保険者の要件〕
・資格喪失の前日まで継続して２カ月以上、健康保険の被保険者であった人
・資格喪失から 20 日以内に申請をすること
・加入できる期間は最長で２年間

国民健康保険のしくみ

　国民健康保険は、**自営業者や定年退職者など、被用者保険の対象とならない人が対象**となります。国民健康保険の保険者は都道府県および市区町村と国民健康保険組合で、保険料は各市区町村、国民健康保険組合ごとに異なります。

　また、国民健康保険では、健康保険のように被扶養者という考え方はなく、すべての加入者が被保険者となります。

　保険給付の種類は健康保険とほぼ同じですが、国民健康保険では業務上の病気やケガも給付の対象になります。また、国民健康保険では傷病手当金と出産手当金はありません。

後期高齢者医療制度のしくみ

　75 歳以上（寝たきりなどで障害認定を受けた場合は、65 歳以上）になると、すべての人が**後期高齢者医療制度の対象**となります。後期高齢者医療制度には被扶養者という考え方がないため、健康保険の被保険者が後期高齢者医療制度に切り替わった場合、その被扶養者は健康保険の被扶養者ではなくなってしまいます。

　後期高齢者医療制度では、医療費の自己負担額は原則 1 割ですが、所得の多い人は２割または３割の自己負担となります。後期高齢者医療制度の保険料は、後期高齢者医療広域連合（各都道府県に 1 団体）が決定し、原則として公的年金から天引きされます。

健康保険の各給付の内容

療養の給付（家族療養費）

- 業務外の病気やケガで診療や投薬、手術などを受けるときの給付

- 給付を受けるときは、医療機関に被保険者証（健康保険証）を提示し、一定の割合を自己負担する

- 被扶養者が受ける給付を「家族療養費」といい、給付のしくみは療養の給付と同じ

高額療養費

- 1カ月に同一の医療機関に支払った医療費の自己負担額が一定額を超えたときに、その超えた額が高額療養費として支払われる

自己負担限度額の基準（70歳未満）

標準報酬月額	自己負担限度額
83万円以上	252,600円 ＋（医療費 － 842,000円）× 1%
53万〜79万円	167,400円 ＋（医療費 － 558,000円）× 1%
28万〜50万円	80,100円 ＋（医療費 － 267,000円）× 1%
26万円以下	57,600円
住民税非課税世帯	35,400円

> 一般的な会社員では、28万〜50万円のゾーンに入る人がもっとも多い

傷病手当金

- 被保険者が病気やケガで仕事を連続して3日以上休み、十分な給料を受けられないとき、4日目から通算1年6カ月間、給付を受けることができる

出産手当金

- 被保険者が出産のため仕事を休み、十分な給料を受けられないとき、出産日以前42日間、出産日後56日間のうちで、仕事を休んだ日数分の金額が支給される

> 傷病手当金と出産手当金は、国民健康保険や任意継続被保険者にはありません

〔傷病手当金、出産手当金の1日当たりの支給額〕

$$1日当たりの支給額 ＝ \frac{支給開始日以前12カ月間の各月の標準報酬月額の平均額}{} ÷ 30日 × 2/3$$

出産育児一時金（家族出産育児一時金）

- 被保険者または被扶養者が出産した場合、1児につき50万円（産科医療補償制度に加入している医療機関で出産した場合）が支給される

1 資金計画
2 リスク管理
3 金融資産運用
4 タックスプランニング
5 不動産
6 相続・事業承継

14 公的保障❸

重要度 ★★☆

介護保険と労災保険

「老齢で介護が必要なとき」は介護保険、
「業務上や通勤途上の病気やケガ」は労災保険です

加齢によって介護が必要になったとき（要介護状態）に給付が行われるのが介護保険、業務上や通勤途上の疾病、ケガ、障害、死亡などに対して給付が行われるのが労災保険（労働者災害補償保険）です。

介護保険の概要と利用方法

介護保険の保険者は、市町村および特別区です。被保険者は40歳以上の人で、年齢によって第1号被保険者と第2号被保険者に分けられますが、**給付を受けることができるのは、主に第1号被保険者**です。

介護保険の給付を受けるには、被保険者（またはその家族など）が申請をして、要介護認定を受ける必要があります。要介護状態の区分には、身体の状態により、7段階（要支援2段階、要介護5段階）があります。

介護サービスの利用者負担は1割ですが、本人の所得が一定の額を超える場合、自己負担額は2割または3割になります。なお、ケアプランの作成は無料です。

労災保険は業務上、通勤途上の病気やケガが対象

労災保険の保険者は政府（窓口は労働基準監督署）で、業務災害や通勤災害による疾病、負傷、障害、死亡に対して給付を行います。

業務災害とは、業務遂行性（労働者が事業主の支配下にある状態）と業務起因性（業務と傷病による損害の間に因果関係があること）の両方を満たすものです。通勤災害とは、住居と就業場所の間を合理的な経路および方法によって往復している間の傷病です。原則として、**労働者（雇われて働く人）は、正社員、パート・アルバイトにかかわらず労災保険に加入し、**保険料は**全額が事業主の負担**で、加入者の負担はありません。

◎ 介護保険の区分

	第1号被保険者	第2号被保険者
被保険者の区分	65歳以上の人	40歳以上65歳未満の人
受給権者	要介護者(1～5の5段階)と要支援者(1と2の2段階)	特定疾病(老化に起因する疾病や末期がんなど)によって要介護、要支援になった場合のみ
保険料	年金年額18万円以上は、年金から天引き	医療保険の保険料に加算されて納付

◎ 要支援・要介護状態の区分

介護度が低い 介護度が高い

要支援1	要支援2	要介護1	要介護2	要介護3	要介護4	要介護5
予防給付の対象	介護保険サービスを利用					

◎ 労災保険の主な給付の種類と内容

療養補償給付 (療養給付)	業務災害または通勤災害によって負傷したり、疾病にかかった場合に、医療機関で行われる現物給付
休業補償給付 (休業給付)	業務災害または通勤災害による療養のため労働できず、賃金をもらえない場合の給付で、休業4日目から1日につき給付基礎日額の100分の60相当額が支払われる
傷病補償年金 (傷病年金)	療養補償給付(療養給付)を受ける労働者の傷病が1年6カ月経っても治らず、傷病等級1～3級に該当する場合、休業補償給付(休業給付)に代えて支給される
遺族補償給付 (遺族給付)	労働者が業務災害または通勤災害で死亡した場合、遺族に一時金または年金が支払われる

> 療養補償給付は、無料で治療が受けられますが、通勤災害の場合(療養給付)、初回のみ200円の負担があります

※カッコ内は通勤災害による給付を受ける際の名称

ワンポイント

「労災保険の特別加入制度」とは？

社長や役員、自営業者は、「労働者」ではないため、労災保険は対象外ですが、中小企業の役員や自営業者は労働者と同じように業務を行うことも多いため、希望によって特別加入ができます。海外に派遣される労働者も特別加入制度の対象です。

1 資金計画
2 リスク管理
3 金融資産運用
4 タックスプランニング
5 不動産
6 相続・事業承継

公的保障❹

雇用保険

重要度 ★★★

給付のメインは失業時の基本手当ですが、
それ以外にもさまざまな給付があります

　雇用保険では、労働者が失業した場合の基本手当が給付のメインですが、そのほかに、仕事で必要な教育訓練を受けるための支援を行う給付や、介護や育児で仕事ができない場合の給付などもあります。雇用保険の保険者は政府で、公共職業安定所（ハローワーク）が窓口です。

雇用保険の給付の概要

◆ 雇用保険の被保険者と保険料

　雇用保険の被保険者には**一般被保険者、高年齢被保険者**などがあります。一般被保険者は 65 歳未満の人が対象です。高年齢被保険者は 65 歳以上の人が対象で、65 歳以上の人が新たに雇用された場合も高年齢被保険者として雇用保険に加入することができます。

　また、次の要件を満たせば、正社員ではないパートタイム労働者なども雇用保険に加入することができます。

〔パートタイム労働者などの加入要件〕
・1 週間の所定労働時間が 20 時間以上　　・31 日以上雇用される見込みがある

　雇用保険の保険料は、事業主と被保険者が負担しますが、労使折半ではなく、一般の事業では、事業主の負担が 1,000 分の 9.5、被保険者の負担が 1,000 分の 6 で、事業主の負担のほうが多くなっています。

雇用保険の給付の内容

◆ 基本手当

　働く意思のある人が失業の状態にあるときに給付を受けることができるのが**基本手当**です。失業の状態とは、働く意思および能力があるにもかかわ

基本手当の給付内容

受給要件 ： 離職前の2年間に、被保険者期間が通算12カ月以上あること。倒産・解雇および有期雇用契約が更新されなかった場合は、離職前の1年間に、被保険者期間が通算6カ月以上あること

待期期間 ： ハローワークに求職の申し込みをしてから7日間は、待期期間として支給されない。自己都合の退職の場合は、さらに2カ月の給付制限（給付が受けられない）がある

受給期間 ： 離職の日の翌日から1年間。ただし、受給期間中に病気やケガ、妊娠・出産・育児などで働けなくなった場合は、最長4年間まで延長できる

給付日数 ： 以下の表を参照

自己都合、定年退職の場合の給付日数

年齢 ＼ 被保険者期間	1年以上 10年未満	10年以上 20年未満	20年以上
全年齢	90日	120日	150日

倒産・解雇、雇止めの場合の給付日数

年齢 ＼ 被保険者期間	1年未満	1年以上 5年未満	5年以上 10年未満	10年以上 20年未満	20年以上
30歳未満		90日	120日	180日	ー
30歳以上35歳未満		120日	180日	210日	240日
35歳以上45歳未満	90日	150日	180日	240日	270日
45歳以上60歳未満		180日	240日	270日	330日
60歳以上65歳未満		150日	180日	210日	240日

倒産・解雇、雇止めなどの場合には、年齢によっても受給できる期間が異なる

ワンポイント

「賃金日額」が給付額の基準となる

賃金日額とは、離職をした日の直前6カ月間に支払われた賃金の総額を180で割って算出した額です。基本手当では、賃金日額の45〜80％の額が給付されます。育児休業給付金や介護休業給付金の給付額も、賃金日額を基に計算されます。

らず職業に就けない状態のことです。基本手当の給付を受けられる対象は、65歳未満の人です。

◆ 高年齢雇用継続給付

60歳以上で被保険者期間が5年以上ある人が、60歳以降も継続して雇用される場合に、**高年齢雇用継続基本給付金**が給付されます。対象となるのは、新しい賃金が60歳到達時と比べて75%未満となる人で、最大で新しい賃金の15%が支給されます。

◆ 育児休業給付

1歳未満（要件を満たす場合は、**最長2歳まで**）の子の育児のために休業した場合、男女を問わず、**育児休業給付金**の支給を受けることができます。

対象となる人は、休業開始前の2年間に賃金支払基礎日数が11日以上ある月が12カ月以上ある人で、給付額は休業開始時賃金日額の67%（6カ月経過後は50%）相当額です。男性が出生時育児休業（産後パパ育休）を取得した場合は、**出生時育児休業給付金**を受給できます。

◆ 介護休業給付

対象となる家族を介護するために休業する場合、**介護休業給付金**の支給を受けることができます。介護休業給付金の支給額は休業開始時賃金日額の67%相当額です。

◆ 教育訓練給付

雇用保険の被保険者期間が**3年以上**（初めて利用する場合は**1年以上**）ある人が、厚生労働大臣が指定する教育訓練を受講し修了した場合、受講費用の20%（上限10万円）の**一般教育訓練給付金**が支給されます。

また、より専門的・実践的な教育訓練は**専門実践教育訓練給付金**の支給対象となります。専門実践教育訓練給付金は、雇用保険の被保険者期間が3年以上（初めて利用する場合は2年以上）ある人が対象で、受講費用の50%（年間上限40万円）が支給され、資格取得後、就職につながった場合は、さらに20%（年間上限16万円）が追加で支給されます。

一般教育訓練給付金も専門実践教育訓練給付金も、退職後1年以内に対象となる講座を利用した人も給付の対象です。

◎ 高年齢雇用継続基本給付金の要件等

支給要件	・雇用保険の被保険者期間が5年以上ある ・60歳以上65歳未満の被保険者 ・60歳以降の賃金が60歳到達時の賃金の75%未満
支給額	・最大で賃金の15%（60歳到達時の賃金の61%以下になった場合）

◎ 育児休業給付の給付額

父母ともに育児休業を取得する場合、子が1歳2カ月になるまで受給できます

> 給付額　：　180日間……休業開始時賃金日額の67%
>
> 　　　　　　それ以降……休業開始時賃金日額の50%

◎ 介護休業給付の給付額

最長93日の給付ですが、3回まで分割して給付を受けることができます

> 給付額　：　休業開始時賃金日額の67%
>
> 給付期間：　対象となる同一の家族の介護に、最長93日

◎ 教育訓練給付の要件等

	一般教育訓練給付金	専門実践教育訓練給付金
対象講座	厚生労働大臣の指定する教育訓練	厚生労働大臣が指定する専門的・実践的な教育訓練
対象者	雇用保険の被保険者期間が3年以上（初めて利用する場合は1年以上）の被保険者。離職後、受講する場合は、退職から受講開始まで1年以内	雇用保険の被保険者期間が3年以上（初めて利用する場合は2年以上）の被保険者。離職後、受講する場合は、退職から受講開始まで1年以内
支給額	受講費用の20% （上限10万円）	受講費用の50%（上限40万円/年）。資格取得後、就職につながった場合は20%を追加支給 （上限16万円/年）

1 資金計画

2 リスク管理

3 金融資産運用

4 タックスプランニング

5 不動産

6 相続・事業承継

16 重要度 ★★☆

公的年金制度のしくみを知ろう

基礎年金としての国民年金と、会社員・公務員などが
加入する厚生年金の2階建てになっています

　1961（昭和36）年4月1日から国民年金が始まり、すべての国民が年金制度に加入することになりました。しかし、まだ加入義務があるのは会社員や公務員などに限られ、その被扶養配偶者（ひ ふ ようはいぐうしゃ）や学生は、任意加入でした。

　その後、1986（昭和61）年4月に年金制度の大改正が行われ、各年金制度に共通の基礎年金（**国民年金**）が導入され、会社員や公務員の被扶養配偶者は第3号被保険者として強制加入となり、1991（平成3）年には20歳以上の学生も第1号被保険者として加入対象となりました。これが現在の日本の公的年金制度です。

　この大改正により、国民年金は**基礎年金**と位置付けられ、20歳以上60歳未満の国内居住者すべてが加入することになりました。また、会社員や公務員はさらに**厚生年金**にも加入することになっており、現在の年金制度は「**2階建て年金**」の構成になっているといえます。

国民年金の加入者の区分

　国民年金の加入者は、国内に居住する20歳以上60歳未満の人ですが、その人の職業などによって、**第1号被保険者**（自営業者、学生など）、**第2号被保険者**（会社員、公務員など）、**第3号被保険者**（第2号被保険者の被扶養配偶者）の3つに区分されます。

公的年金の給付は、老齢給付、障害給付、遺族給付の3つ

　公的年金の給付には、老齢給付、障害給付、遺族給付の3つがあります。

　年金の受給要件を満たせば、**国民年金に加入していた人はそれぞれの年金の基礎年金部分**を、厚生年金に加入していた人はそれぞれの年金の厚生年金部分を受け取ることができます。

◎ 公的年金制度の全体像

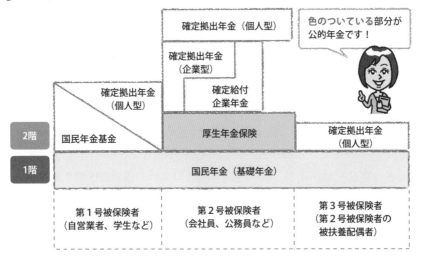

色のついている部分が公的年金です！

		確定拠出年金（個人型）		
		確定拠出年金（企業型）		
	確定拠出年金（個人型）	確定給付企業年金		
2階	国民年金基金	厚生年金保険	確定拠出年金（個人型）
1階	国民年金（基礎年金）		
	第1号被保険者（自営業者、学生など）	第2号被保険者（会社員、公務員など）	第3号被保険者（第2号被保険者の被扶養配偶者）

◎ 公的年金の給付の種類

	老齢給付	障害給付	遺族給付
厚生年金	老齢厚生年金	障害厚生年金 障害手当金	遺族厚生年金
国民年金	老齢基礎年金 （付加年金）	障害基礎年金	遺族基礎年金 寡婦年金 死亡一時金

問題にチャレンジ！

問題　国民年金の第1号被保険者によって生計を維持されている配偶者は、国民年金の第3号被保険者になる。○か×か？

解説　国民年金の第3号被保険者は、第2号被保険者によって生計を維持されている20歳以上60歳未満の配偶者です。　　答え　×

1 資金計画

2 リスク管理

3 金融資産運用

4 タックスプランニング

5 不動産

6 相続・事業承継

公的年金❷

重要度 ★★★

国民年金と厚生年金保険

公的年金の被保険者と
保険料について見ていきましょう

　現在の公的年金制度では、国内に居住する人は必ず国民年金に加入することになっています（強制加入）が、その人の職業などによって、第1号被保険者、第2号被保険者、第3号被保険者の3つの種別に区分されます。

　また、外国に住む日本人のように、国民年金への加入義務はないけれども任意で加入できる**任意加入制度**もあり、任意加入した人を**任意加入被保険者**といいます。60歳時点で老齢基礎年金の受給額が満額に達しない場合なども、65歳になるまで任意加入することができます。

国民年金の保険料

　国民年金の保険料は、種別によって支払い方が異なります。国民年金の保険料を自分で納めるのは第1号被保険者のみです。なお、所得が少ないなど保険料の支払いが困難な人のために、保険料の免除・猶予制度も設けられています。

◆ **第1号被保険者の保険料**

　月額1万6,980円（2024年度）です。

◆ **第2号被保険者の保険料**

　厚生年金にも加入しているため、厚生年金保険料として納付し、その一部が国民年金に拠出されます。

〔厚生年金保険の保険料〕
・毎月の保険料 ＝ 標準報酬月額 × 18.30%
・賞与の保険料 ＝ 標準賞与額 × 18.30%

厚生年金の保険料は、健康保険と同じように労使折半で支払います

◆ **第3号被保険者の保険料**

　保険料の負担はありません（制度全体で拠出する）。

◎ 国民年金の被保険者

種別	対象者	年齢要件	国内居住要件
第1号被保険者	自営業者、学生、無職など、第2号被保険者、第3号被保険者以外の人	あり (20歳以上60歳未満)	あり
第2号被保険者	会社員、公務員など、被用者年金の被保険者	なし	なし
第3号被保険者	専業主婦（夫）など、第2号被保険者の被扶養配偶者	あり (20歳以上60歳未満)	あり

◎ 国民年金保険料の免除・猶予制度

		対象者	老齢基礎年金への反映
法定免除		・障害基礎年金の受給権者 ・生活保護法による生活扶助を受けている人	1/2
申請免除	全額免除	・前年の所得が一定以下の人	1/2
	3/4免除		5/8
	半額免除		3/4
	1/4免除		7/8
学生の納付特例		・20歳以上の学生（第1号被保険者）で前年の所得が一定以下の人 　→申請によって保険料の納付が猶予される	反映なし
納付猶予制度		・50歳未満の第1号被保険者で、本人および配偶者の前年の所得が一定以下の人 　→申請によって保険料の納付が猶予される	反映なし

ワンポイント

第1号被保険者の保険料の支払い方法には「月払い」と「前納」がある

第1号被保険者の保険料には月払いのほか、前納（半年払い、年払い、2年払い）があり、まとめて支払うほど割引されます。また口座振替やクレジットカードなどでの支払いも可能です。

1 資金計画

2 リスク管理

3 金融資産運用

4 タックスプランニング

5 不動産

6 相続・事業承継

老齢給付

重要度 ★★★

老齢基礎年金と老齢厚生年金は
65歳から受給できる老後の生活を支える柱です

公的年金の老齢給付は、原則65歳から受給することができます。老後の生活の柱であり、リタイアメントプランには欠かせません。老齢給付には、加入していた年金制度によって、**老齢基礎年金**と**老齢厚生年金**があります。

老齢基礎年金の概要

老齢基礎年金は、**受給資格期間が10年以上ある人**が、65歳から受給することができます。

〔受給資格期間〕

以前は25年でしたが、2017年8月から10年に短縮されました！

保険料
納付済期間 ＋ 保険料
免除期間 ＋ 合算対象期間 ≧ 10年

保険料免除期間：第1号被保険者で保険料の納付を免除された期間

合算対象期間：学生の納付特例の適用を受けた期間など、老齢基礎年金の額には反映されないが、受給資格期間には含める期間

老齢基礎年金の支給額は約81万円（年額）ですが、加入期間が短い人や保険料の免除期間がある人などは、保険料を納付（または免除）した期間に応じて、年金の受給額が少なくなります。

原則として、老齢基礎年金を受給できるのは65歳からですが、**繰上げ支給**によって、60歳から受給することも可能です。ただし、年金の額は繰り上げた月数に応じて減少します。また、**繰下げ支給**によって最長75歳まで受給開始年齢を遅らせることができます。この場合、遅らせた月数に応じて年金の額は増加します。

◎ 老齢基礎年金の支給額（満額）

$$老齢基礎年金額（満額） ＝ 78万900円 × 改定率$$

※改定率は、消費者物価指数を基に毎年見直される
※2024年度の改定率は1.045で、満額は81万6,000円

◎ 保険料免除期間等がある場合の支給額

$$満額の年金額 × \frac{保険料納付済月数 + 全額免除月数 × \frac{1}{2} + \frac{3}{4}免除月数 × \frac{5}{8} + 半額免除月数 × \frac{3}{4} + \frac{1}{4}免除月数 × \frac{7}{8}}{480月（＝加入可能年数40年間×12月）}$$

◎ 老齢基礎年金の繰上げ支給と繰下げ支給

繰上げ支給	最長で5年間繰上げが可能（60歳から受給）	1カ月繰り上げるごとに、0.4%減額
繰下げ支給	最長で10年間繰下げが可能（75歳から受給）	1カ月繰り下げるごとに、0.7%増額

【例】5年間繰り上げて60歳から受給した場合：0.4% × 60月（5年）＝ 24%

→ 年金額は24%減額

10年間繰り下げて75歳から受給した場合：0.7% × 120月（10年）＝ 84%

→ 年金額は84%増額

繰下げ支給の上限年齢は、2022年4月から5歳引き上げられ、75歳までになりました

◎ 付加年金とは？

付加年金 国民年金の第1号被保険者の上乗せ年金で、月額400円の保険料を上乗せして支払うことで、老齢年金の受給額を増やすことができる

$$付加年金額（年額） ＝ 200円 × 付加保険料納付月数$$

1 資金計画
2 リスク管理
3 金融資産運用
4 タックスプランニング
5 不動産
6 相続・事業承継

老齢厚生年金の概要

　老齢厚生年金は、**10年間の受給資格期間を満たした人が、厚生年金保険に加入していた期間がある場合**、65歳から受給することができます。年金制度が改正される前の老齢給付の支給開始年齢は60歳だったため、急激な変化を避けるべく、受給者の生年月日に応じて60歳から65歳までの期間に特別支給の老齢厚生年金を受給できる場合があります。

◆ 特別支給の老齢厚生年金

　国民年金の受給資格期間を満たしたうえで、厚生年金保険の被保険者期間が1年以上ある人が受給することができます。ただし、特別支給の老齢厚生年金は経過措置なので、支給開始年齢が少しずつ引き上げられています。

　1949年4月1日生まれまでの人の特別支給の老齢厚生年金には、老齢基礎年金に相当する定額部分と、老齢厚生年金に相当する報酬比例部分がありましたが、まず先に定額部分の支給開始年齢を引き上げた結果、これから年金を受給する世代には定額部分の支給はありません。また、1961年4月2日生まれ以降の人は、特別支給の老齢厚生年金の支給もありません。

　報酬比例部分は、生年月日によって支給開始年齢が異なり、以下の算式で計算した額（年額）が支給されます。

〔特別支給の老齢厚生年金の年金額〕

報酬比例部分＝①＋②

$$① ＝ 平均標準報酬月額 \times \frac{7.125}{1,000} \times \begin{array}{l} 2003年3月31日以前の \\ 被保険者期間の月数 \end{array}$$

$$② ＝ 平均標準報酬額 \times \frac{5.481}{1,000} \times \begin{array}{l} 2003年4月1日以降の \\ 被保険者期間の月数 \end{array}$$

◆ 老齢厚生年金

　国民年金の受給資格期間を満たしたうえで、厚生年金保険の被保険者期間が1カ月以上ある人が65歳から受給することができます。

　老齢厚生年金の支給額は、特別支給の老齢厚生年金（報酬比例部分）の年金額と同じです。

1 資金計画
2 リスク管理
3 金融資産運用
4 タックスプランニング
5 不動産
6 相続・事業承継

◎特別支給の老齢厚生年金の支給開始時期の引上げスケジュール

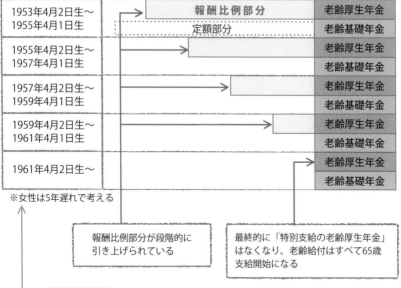

	60歳	61歳	62歳	63歳	64歳	65歳	
1953年4月2日生～ 1955年4月1日生		報酬比例部分					老齢厚生年金
	定額部分						老齢基礎年金
1955年4月2日生～ 1957年4月1日生							老齢厚生年金
							老齢基礎年金
1957年4月2日生～ 1959年4月1日生							老齢厚生年金
							老齢基礎年金
1959年4月2日生～ 1961年4月1日生							老齢厚生年金
							老齢基礎年金
1961年4月2日生～							老齢厚生年金
							老齢基礎年金

※女性は5年遅れで考える

報酬比例部分が段階的に引き上げられている

最終的に「特別支給の老齢厚生年金」はなくなり、老齢給付はすべて65歳支給開始になる

定額部分　以前は老齢基礎年金に相当する定額部分が支給されていたが、支給開始年齢を引き上げた結果、現在、定額部分の支給はなくなっている

女性の公的年金の受給は「5年遅れで考える」とは？

たとえば、1964年8月生まれの女性の場合、生まれ年から5年を引いて、1959年8月生まれの男性と年金の受給開始年齢が同じになる、ということ

1961年4月2日生まれ以降では、65歳になるまで老齢給付は受けられません

ワンポイント

「平均標準報酬月額」とは？

被保険者期間の標準報酬月額を平均した額を現在の物価水準に換算して算出します。2003年4月1日からは総報酬制が導入され、賞与からも保険料が徴収されるようになったため、給与と賞与の合計の平均額である平均標準報酬額を用います。

◆ 加給年金額

老齢厚生年金の受給権者に **65 歳未満の配偶者や 18 歳未満の子どもがいる場合**、加給年金額が支給されます。ただし、支給を受けるには以下の要件を満たす必要があります。

年金でいう「子」とは、18歳になった最初の3月31日までの子どもをいいます

- ・厚生年金保険の被保険者期間の月数が 240 月以上
- ・生計維持関係にある 65 歳未満の配偶者がいる
- ・18 歳に達する日以降の最初の 3 月 31 日までの間にある子（障害がある場合は 20 歳未満）がいる

配偶者加給年金額は、対象となる配偶者が 65 歳になると支給停止になります。世帯単位で考えた年金受給額の減少を補うため、配偶者の生年月日に応じた振替加算が配偶者に支給されます。ただし、振替加算が支給されるのは、1966 年 4 月 1 日生まれまでの人に限られます。

◆ 在職老齢年金

60 歳以降も厚生年金の適用事業所で働く場合、年金の受給額と給与等の額によって、**厚生年金の額が減額**されることがあります。このしくみを在職老齢年金といいます。自営業の場合や短時間勤務で厚生年金保険に加入しない場合は、在職老齢年金は適用されません。

在職老齢年金のしくみによる減額の対象は報酬比例部分のみで、65 歳未満の人も月 50 万円超の場合に減額されます。

◆ 離婚した場合の老齢給付

離婚した場合、**当事者の合意または裁判により、年金を分割できる制度**があります。ただし、分割できるのは婚姻期間中の厚生年金（報酬比例部分）のみで、**国民年金（老齢基礎年金）は対象外**です。

また、2008 年 4 月 1 日以降の第 3 号被保険者期間については、当事者の一方からの請求によって厚生年金（報酬比例部分）を 2 分の 1 に分割することができます。

離婚により、妻の老齢給付が少額になることを防ぐことができますが、妻の厚生年金のほうが多い場合は、妻から夫に分割することになります。

◎ 夫婦の公的年金受給の流れ

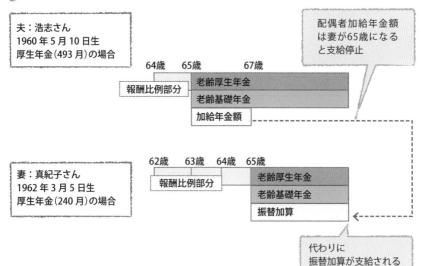

夫：浩志さん
1960年5月10日生
厚生年金（493月）の場合

配偶者加給年金額は妻が65歳になると支給停止

	64歳	65歳	67歳
報酬比例部分	老齢厚生年金		
	老齢基礎年金		
	加給年金額		

妻：真紀子さん
1962年3月5日生
厚生年金（240月）の場合

	62歳	63歳	64歳	65歳
報酬比例部分			老齢厚生年金
			老齢基礎年金
			振替加算

代わりに
振替加算が支給される

◎ 在職老齢年金のしくみ

① 年金の基本月額	老齢厚生年金年額 ÷ 12カ月
② 総報酬月額相当額	標準報酬月額 ＋ 1年間の標準賞与額 ÷ 12カ月

60歳台（60〜69歳）

① ＋ ② ＞ 50万円 の場合
　➡ 一定額の年金が減額（支給停止）される

70歳以上

60歳台の在職老齢年金と同じしくみが適用される

受給できる年金は減額されますが、厚生年金保険に
加入しているため、将来の年金の受給額が増えます！

1 資金計画

2 リスク管理

3 金融資産運用

4 タックスプランニング

5 不動産

6 相続・事業承継

障害給付

障害の状態になったときに支給され、
障害等級によって年金額が異なります

　障害給付は、**病気やケガなどで障害の状態になった場合に受給できる年金**です。障害給付には、障害基礎年金と障害厚生年金があります。

障害給付の概要

◆ 障害基礎年金

　障害基礎年金は、国民年金に加入している人などが障害の状態になった場合に受給できる給付で、障害等級1級と2級があります。受給資格期間を満たせば受給できる老齢給付と異なり、次のような支給要件があります。

> ・初診日に被保険者である人、または被保険者であった人で60歳以上65歳未満の国内に住んでいる人
> ・初診日の前々月までの被保険者期間のうち、保険料を滞納していた期間が3分の1未満であること

　障害基礎年金には子の加算があり、該当する子の人数に応じて年金額が加算されます。

◆ 障害厚生年金

　障害厚生年金は、厚生年金に加入している人などが障害の状態になったときに受給できる給付で、障害等級1級、2級、3級のほかに障害手当金があります。障害厚生年金の支給要件は以下の通りです。

> ・初診日に被保険者であった人
> ・初診日の前々月までの被保険者期間のうち、保険料を滞納していた期間が3分の1未満であること

　障害厚生年金の1級と2級では、配偶者がいる場合、配偶者加給年金が加算されます。

◎ 障害基礎年金の年金額

障害等級 1 級	1,020,000 円（障害等級 2 級 ×1.25）
障害等級 2 級	816,000 円

※子の加算：2 人目までは 1 人につき 234,800 円、3 人目からは 1 人につき 78,300 円

◎ 障害厚生年金の年金額

障害等級 1 級	基本式 ×1.25＋配偶者加給年金額
障害等級 2 級	基本式＋配偶者加給年金額
障害等級 3 級	基本式

> 障害手当金は、より障害の程度が軽い場合で、基本式の金額の2倍が一時金で支給されます

〔障害厚生年金の基本式〕

報酬比例部分＝①＋②

$$① = 平均標準報酬月額 × \frac{7.125}{1,000} × \begin{array}{l} 2003 年 3 月 31 日以前の \\ 被保険者期間の月数 \end{array}$$

$$② = 平均標準報酬額 × \frac{5.481}{1,000} × \begin{array}{l} 2003 年 4 月 1 日以降の \\ 被保険者期間の月数 \end{array}$$

※被保険者期間が 300 月に満たない場合、300 月の最低保証がある

ワンポイント

「障害給付の併給調整」とは？

公的年金制度は「1 人 1 年金」の原則で、「1 階部分：老齢基礎年金、2 階部分：老齢厚生年金」のように受給する給付を対応させます。例外として 65 歳以降の場合、「1 階部分：障害基礎年金、2 階部分：老齢厚生年金または遺族厚生年金」のように併給が可能です。

1 資金計画

2 リスク管理

3 金融資産運用

4 タックスプランニング

5 不動産

6 相続・事業承継

20 遺族給付

公的年金⑤

重要度 ★★★

公的年金の被保険者が死亡したときに
遺族が受給できる年金です

遺族給付は、公的年金の被保険者または被保険者であった人が死亡した場合に遺族が受給できる年金で、**遺族基礎年金**と**遺族厚生年金**があります。

遺族給付の概要

◆ 遺族基礎年金

遺族基礎年金を受給できる遺族は、「死亡した人に生計を維持されていた**子のある配偶者または子**」です。年金でいう「子」とは、18歳に達する日以降の最初の3月31日までの間にある子（障害等級1級、2級に該当する場合は20歳未満）です。この要件により、被保険者に年金上の子がいない場合は、遺族基礎年金を受給することができません。国民年金の第1号被保険者の保険料が掛け捨てになってしまうのを防止するために、**寡婦年金**や**死亡一時金**の制度があります。

遺族基礎年金には、障害基礎年金と同様の子の加算があり、対象となる子の人数に応じて年金額が加算されます。

◆ 遺族厚生年金

遺族厚生年金を受給できる遺族は、死亡した人に生計を維持されていた①**配偶者・子**、②**父母**、③**孫**、④**祖父母**で、上位順位者から先に受給します。夫、父母、祖父母は、本人の死亡日に55歳以上である人に限られ、遺族厚生年金を受給できるのは60歳以降です。

遺族厚生年金の場合、子がいることが受給の要件ではありませんが、30歳未満の子のない妻の場合は、5年間の有期支給となります。

また、遺族給付にも併給調整のしくみがあり、65歳以降は、1階部分を老齢基礎年金、2階部分を老齢厚生年金または遺族厚生年金というように併給できます。

◎ 遺族基礎年金の年金額

$$遺族基礎年金額 = 816,000円 + 子の加算$$

※子の加算：2人目までは1人につき234,800円、
　3人目からは1人につき78,300円

> 子が成長して年金上の「子」でなくなると、遺族基礎年金は支給停止となります

◎ 寡婦年金と死亡一時金

寡婦年金	老齢基礎年金の受給資格期間（10年）を満たした第1号被保険者の夫が年金給付を受けることなく死亡した場合、遺族である妻が60歳から65歳までの間受給できる **受給額 = 夫の老齢基礎年金額 ×3/4**
死亡一時金	第1号被保険者として一定期間保険料を納付した人が死亡して、遺族が遺族基礎年金を受給できない場合に受給できる **受給額は保険料納付済期間によって異なる** **最低でも36月（3年）以上で受給できる → 12万円（最低額）**

※寡婦年金と死亡一時金の両方の受給権がある場合、どちらかを選択して受給する

◎ 遺族厚生年金の年金額

〔遺族厚生年金の基本式〕

> 遺族厚生年金の額は、死亡した人が受け取るはずだった老齢厚生年金の4分の3です！

$$遺族厚生年金額 = (① + ②) \times 3/4$$

$$① = 平均標準報酬月額 \times \frac{7.125}{1,000} \times \begin{array}{l}2003年3月31日以前の\\被保険者期間の月数\end{array}$$

$$② = 平均標準報酬額 \times \frac{5.481}{1,000} \times \begin{array}{l}2003年4月1日以降の\\被保険者期間の月数\end{array}$$

※被保険者期間が300月に満たない場合、300月の最低保証がある（厚生年金保険の被保険者が死亡した場合等）

◎ 中高齢寡婦加算

厚生年金保険に加入していた夫が死亡したとき

❶ 40歳以上65歳未満の妻

❷ 40歳未満だった子のある妻が遺族基礎年金を受けられなくなった時点で40歳以上だった場合

❶も❷も、妻が65歳になるまで、中高齢寡婦加算が支給される

※遺族基礎年金を受給している間は、中高齢寡婦加算を受け取ることはできない

1 資金計画
2 リスク管理
3 金融資産運用
4 タックスプランニング
5 不動産
6 相続・事業承継

21 企業年金・国民年金基金

老後生活の安定のために
公的年金に上乗せする年金があります

企業年金は、公的年金だけでは不足しがちな老後の生活資金を補うために、企業が行っている年金制度です。企業年金には**確定給付型年金**と**確定拠出年金**があります。

◆ 確定給付型年金

確定給付型年金には、厚生年金基金や確定給付企業年金があります。厚生年金基金は、厚生年金保険の一部を国に代わって運用する制度でしたが、2014年4月以降、厚生年金基金の新設は認められていません。

確定給付企業年金には、規約型と基金型があり、いずれも保険会社など外部に年金資金の運用・給付を任せるしくみです。

◆ 確定拠出年金

確定拠出年金は、決まった額の掛金を拠出し、運用次第で受け取る年金額が変わる年金制度で、**企業型年金**と**個人型年金**（iDeCo）があります。企業型年金では企業が従業員の掛金を、個人型年金では個人が掛金を拠出しますが、いずれも**加入者が運用を行い、運用成果によって受け取る年金額が変わります**。個人型年金は、従来は自営業者や企業型年金がない企業の従業員が対象でしたが、2017年1月から誰でも加入できるようになりました。

国民年金基金の概要

国民年金基金は、国民年金の第1号被保険者を対象とした老齢基礎年金の上乗せの制度です。加入できるのは、60歳未満の国民年金の第1号被保険者と60歳以上65歳未満の人や海外に居住して国民年金に任意加入している人で、保険料免除・猶予者、滞納者は加入できません。また、付加年金と国民年金基金は同時に加入できません。国民年金基金の掛金は、個人型年金と合わせて月額6万8,000円が上限となっています。

◎ 企業年金等の概要と個人型年金の拠出限度額

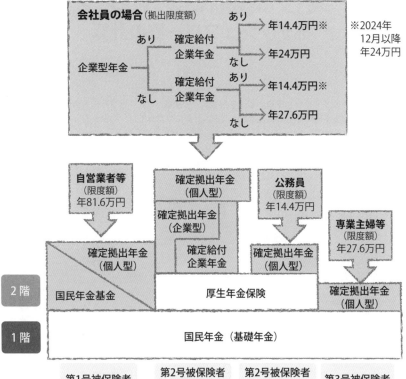

◎ 確定拠出年金のポイント

企業型年金：確定拠出年金を導入している企業の従業員が加入できる

個人型年金：自営業者、会社員、公務員、専業主婦等（第3号被保険者）が加入できる

【要件等】

・個人型年金の場合、加入できるのは原則60歳未満だが、第2号被保険者または国民年金に任意加入している人は65歳になるまで加入できる

・通算の加入期間が10年以上あれば、60歳から老齢給付金を受給できる

・加入者が転職した場合、転職先の企業型年金、個人型年金に移管できる

1 資金計画

2 リスク管理

3 金融資産運用

4 タックスプランニング

5 不動産

6 相続・事業承継

実技試験にチャレンジ!!
～キャッシュフロー表の計算

コラム1

【問題】

下記の三上家のキャッシュフロー表（一部抜粋）の空欄（ア）～（ウ）に入る数値の求め方として、最も不適切なものはどれか。なお、計算に当たっては、キャッシュフロー表に記載されている数値を用い、計算結果は万円未満を四捨五入すること。

＜三上家のキャッシュフロー表＞

	西暦（年）		2024	2025	2026	2027	2028
家族	三上博之	本人	47歳	48歳	49歳	50歳	51歳
	啓子	妻	43歳	44歳	45歳	46歳	47歳
	彩美	長女	15歳	16歳	17歳	18歳	19歳
ライフイベント		変動率	自宅のリフォーム	彩美高校入学			彩美大学入学
収入	給与収入（夫）	1%	550			（ア）	
	給与収入（妻）	1%				247	250
	収入合計	－	790	798	806		
支出	基本生活費	1%	280	283	286	288	291
	住宅関連費	－	156	156	156	156	156
	教育費	－	50	80			350
	保険料	－	35	35	35	35	35
	一時的支出	－	120				
	その他の支出	－	30			30	30
	支出合計		671		707		
年間収支			119	80	（イ）		
金融資産残高		1%	1,500	（ウ）			

※問題の作成上、一部空欄にしてある

（単位：万円）

1. 空欄（ア）：「550×（1＋0.01）×3≒1,667」
2. 空欄（イ）：「806－707＝99」
3. 空欄（ウ）：「1,500×（1＋0.01）＋80＝1,595」

解説と解答

3年後の給与収入は、「現在の給与収入 ×（1＋変動率）^{3}」で計算するので、正しくは、「550 ×（1＋0.01）^{3}≒567」万円となります。

【解答】　　　1

第 2 章

リスク管理

「リスク管理」とは、人生と家計に生じるさまざまなリスクにあらかじめ備えておくことです。この科目では、生命保険や医療保険、損害保険といった保険商品について学びます。それぞれの保険の特徴を知ることはもちろんですが、保険制度の基本や保険会社が破綻した場合の制度についても理解しましょう。

01 生命保険のしくみ

生命保険の役割やしくみ、
さらにその基本用語を押さえましょう

　一家の大黒柱に「もしも」のことがあったとき、**遺された家族が経済的に困ることなく生活していくための資金を準備**するのが、生命保険の役割です。

生命保険の保険料のしくみ

　生命保険の基本的な考え方は「助け合い（相互扶助）」です。

　たとえば、一家の大黒柱に「もしも」のことがあったとき、家族が生活していくために 1,000 万円が必要だとします。

　それに備えて毎月 10 万円ずつ貯金をしても、1,000 万円を準備するためには約 8 年かかってしまいます。一方、生命保険に加入していれば、すぐに 1,000 万円の資金を準備することができます。

◆ 生命保険の保険料

　生命保険では、契約者が**保険料を支払う**ことで、保険事故（契約で定められた死亡や高度障害など）が起こったときに、保険金を受け取ることができます。生命保険の保険料は、「大数の法則」や「収支相等の原則」といった考え方のもと、①予定死亡率、②予定利率、③予定事業費率の 3 つの「基礎率」に基づいて計算されます。

◎ 3 つの基礎率

> 保険会社が契約を維持・管理するための付加保険料は、予定事業費率から算出されます

①予定死亡率	統計によって算出した年齢・性別ごとの 1 年間の死亡率
②予定利率	保険会社が保険料を運用することで得られる収益の割合
③予定事業費率	保険会社を運営するうえで必要な経費の割合

◎ 大数の法則

個々の事象は偶然でも、大きな数で見ると、一定の法則があること

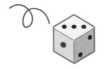

たとえば、サイコロを何万回も振っているうちに、1の目の出る確率が6分の1に近づいていく、など

◎ 収支相等の原則

保険料の総額とその運用益の合計額は、保険金の総額と保険会社の経費の合計額と等しい

等しい！

保険料 ＋ 運用益 ＝ 保険金 ＋ 保険会社の経費

◎ 生命保険の基本用語

契約者	保険の契約をした人。個人だけでなく法人でも可
被保険者	保険の対象となる人 （被保険者に保険事故が起こった場合、保険金が支払われる）
保険金受取人	保険金を受け取る人
指定代理請求人	被保険者本人が保険金の請求ができないとき、本人に代わって保険金の請求をする人
保険料	契約者が保険会社に支払うお金
保険金	保険会社から保険金受取人に支払われるお金
給付金	被保険者が入院や手術をする際に、保険会社から支払われるお金
解約返戻金 _{かいやくへんれいきん}	保険契約を途中で解約したときに払い戻されるお金

📖✍️ ワンポイント

3つの基礎率と保険料の関係

予定死亡率と予定事業費率が高いほど、保険会社の保険金支払いやさまざまな経費などのコストが増えるため、保険料は高くなります。一方、予定利率が高いほど、保険料の運用利回りも高いため、その分、保険料は安くなります。

1 資金計画
2 リスク管理
3 金融資産運用
4 タックスプランニング
5 不動産
6 相続・事業承継

02 生命保険の契約手続き

生命保険を契約する際に注意すべき
さまざまな手続きを理解しましょう

　保険の契約の際は、契約者に**保険約款**と**契約のしおり**を渡すことが義務付けられています。保険約款とは、保険契約の内容を保険の種類ごとに定型的に記載したもので、そこから契約者にとって重要な内容を抜き出して、わかりやすくまとめたものが契約のしおりです。

◆ クーリング・オフ

　保険契約は**クーリング・オフ**の対象となります。クーリング・オフとは、**保険契約者からの一方的な意思表示により、申込みの撤回、契約の解除**を行うことです。クーリング・オフの期間は、申込日またはクーリング・オフの内容を記載した書面を受け取った日のいずれか遅い日から起算して**8日目**までです。クーリング・オフは郵送などの書面または電磁的記録で行います。

◆ 責任開始日と告知義務

　責任開始日とは、保険会社が保障を開始する日のことで、①契約の申込み、②告知または医師の診査、③第1回保険料の払込みの**3つが完了した日**となります。

　保険契約者や被保険者は、保険契約の際、保険会社に重要事項を申告しなければなりません。これを**告知義務**といいます。告知するべき重要事項には、被保険者の健康状態、病歴、職業等があります。告知義務違反があった場合、保険会社は一定期間、その保険契約を解除することができます。

◆ 保険内容の見直し

　配偶者の退職や子どもの誕生など、必要保障額が変わった場合、保険金額の増額や減額をすることができます。増額は新規契約となり、医師の診査や告知が必要です。減額の場合は一部解約となり、解約返戻金が払い戻されます。保険料の支払いの負担が重い場合は、ある時点での解約返戻金を利用して、**延長保険**や**払済保険**にすることができます。

◎ 延長保険と払済保険

延長保険とは？	保険料の払込みを中止し、その時点の解約返戻金を利用して、保険金の額が同額の一時払い定期保険に変更する方法。延長保険に変更すると、一般的に、もとの保険よりも保険期間は短くなる

> 延長保険や払済保険にすると、その時点で特約は消滅します！

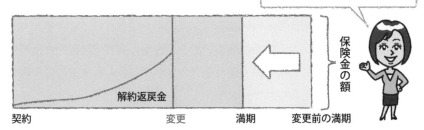

契約　　　　　　　　変更　　　　満期　　　変更前の満期

解約返戻金　　　　　　　　　　　　　　保険金の額

払済保険とは？	ある時点で保険料の払込みを中止し、その時点の解約返戻金を利用して、契約期間が同じ同種類の保険（または養老保険）の一時払い保険に変更する方法。一般的に、もとの保険よりも保険金の額が少なくなる

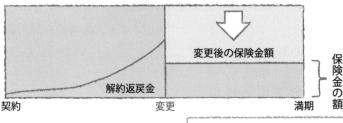

契約　　　　　　　　　変更　　　　　　満期

解約返戻金　　　　　変更後の保険金額　　　保険金の額

> 延長保険と払済保険は、試験でよく出ますから、しっかり理解しておきましょう！

📖✏ ワンポイント

「生命保険の必要保障額」とは？

一家の大黒柱が死亡した場合に、遺族が生活するために不足している金額のことで、今後遺族が使う金額（生活費、教育費など）から、すでにある金額（貯金、死亡退職金、遺族年金など）を差し引いて計算します。必要保障額は子どもが成長するにつれて減少します。

1 資金計画
2 リスク管理
3 金融資産運用
4 タックスプランニング
5 不動産
6 相続・事業承継

03 保険契約者の保護

保険会社が破綻した場合は
保険契約者保護機構がセーフティネットになります

保険会社の破綻に備えて、保険契約者保護機構が設立されています。

保険契約者保護機構は、**生命保険契約者保護機構**と**損害保険契約者保護機構**に分かれており、外資系の保険会社を含めていずれかの保険契約者保護機構に加入することが定められています。

保険契約者保護機構による保護のしくみ

保険会社が破綻した場合、保険契約者保護機構は、まず、救済保険会社を探します。救済保険会社が現れたら、その保険会社に資金援助をすることで、契約者を保護します。

救済保険会社が現れない場合は、保険契約者保護機構が承継保険会社を設立して契約を承継するか、自ら保険契約を引き継ぎます。**各種共済や少額短期保険業者は保護の対象外**です。

保険会社の安全性を見る指標

◆ソルベンシー・マージン比率

保険会社の保険金の支払い余力を表すものがソルベンシー・マージン比率で、保険会社の経営の安全性を示す指標の1つです。

数値が高いほど安全性が高く、**200％以上**が健全とされています。

$$ソルベンシー・マージン比率（\%） = \frac{ソルベンシー・マージン総額}{リスク合計額 \times 1/2} \times 100$$

※ソルベンシー・マージン総額：保険会社の資本金、準備金 など
※リスク合計額：引受リスク、運用リスク など

保険契約者保護機構による保護のしくみ

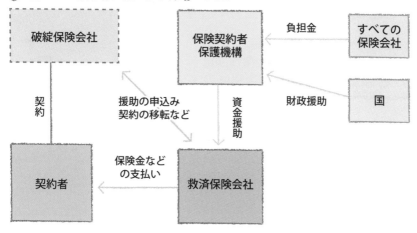

保険契約者保護機構による補償

		補償割合 （保険金支払いの場合）
生命保険		原則として責任準備金の90%
損害保険	自賠責保険 地震保険	補償割合100%
	自動車保険 火災保険 その他の損害保険	破綻後3カ月は、補償割合100% 3カ月経過後は、補償割合80%

※火災保険、その他の損害保険は、個人、小規模法人、マンション管理組合の契約のみ補償

ワンポイント

「少額短期保険業者」とは？

保険業のうち、保険金額が少額（1,000万円以下）で、保険期間が1年以内の保険商品のみを扱うのが少額短期保険業者です。少額短期保険業者は、保険契約者保護機構には加入していないため、補償の対象外となります。

1 資金計画

2 リスク管理

3 金融資産運用

4 タックスプランニング

5 不動産

6 相続・事業承継

04 生命保険の種類と特徴

死亡保障がある主な生命保険は
定期保険・終身保険・養老保険の3つです

　個人向けで保障性を重視した生命保険の代表的なものは、①定期保険、②終身保険（しゅうしんほけん）、③養老保険（ようろうほけん）の３つです。これらの保険は、被保険者が死亡した場合に死亡保険金が支払われるのが特徴です。

3つの生命保険の特徴

◆定期保険

　定期保険には満期があり、満期までの期間内に被保険者が死亡、または高度障害になったときに、契約時に決めた額の保険金が支払われます。保険期間内にそうした保険事故が起きなかった場合、保険金は支払われず、**保険料は掛け捨て**になります。そのため、ほかの保険と比べて**保険料が割安**です。

◆終身保険

　終身保険では満期が設定されず、保障が一生涯続き、死亡・高度障害のときに保険金が支払われます。必ず保険金が支払われるため、保険会社はそれに備えて責任準備金を積み立てる必要があり、途中で解約した場合でも、責任準備金から一定の解約返戻金を受け取ることができます。定期保険と比べると**保険料は割高**です。

　終身保険に、定期保険を特約として付けたものが**定期保険特約付終身保険**で、終身保険より安い保険料で高額の保障が得られます。定期特約部分を５年ごとなどの更新型にする場合、更新により保険料は高くなります。

◆養老保険

　養老保険では、満期までの期間内に被保険者が死亡・高度障害のときに死亡・高度障害保険金が支払われますが、保険事故が起きなかった場合は**死亡保険金と同額の満期保険金が支払われます**。養老保険は、死亡保障だけでなく貯蓄性もある保険です。

◎ 生命保険の3つのタイプ

① 定期保険

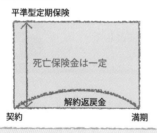

平準型定期保険

死亡保険金は一定

解約返戻金

契約　　　　　　　　　　満期

【定期保険の種類】
平準型：契約から満期まで保障額が変わらない
逓減型：年数が経過するにつれて保障額が少なくなる
逓増型：年数が経過するにつれて保障額が多くなる

②-1 終身保険

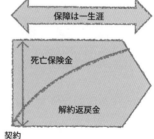

保障は一生涯

死亡保険金

解約返戻金

契約

年金受取りや介護保険
への移行も可能

逓減型と逓増型は、保険金の
額は変動しますが、保険料は
保険期間を通じて一定です！

②-2 定期保険特約付終身保険（定期付終身保険）

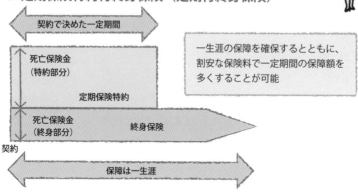

契約で決めた一定期間

死亡保険金
（特約部分）

定期保険特約

一生涯の保障を確保するとともに、
割安な保険料で一定期間の保障額を
多くすることが可能

死亡保険金
（終身部分）　　　　終身保険

契約

保障は一生涯

③ 養老保険

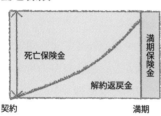

死亡保険金

満期保険金

解約返戻金

契約　　　　　　　　　　満期

満期まで保険事故が起き
なかった場合、死亡保険
金と同額の満期保険金が
受け取れるため、貯蓄と
して考えることも可能

1 資金計画
2 リスク管理
3 金融資産運用
4 タックスプランニング
5 不動産
6 相続・事業承継

05 個人年金保険の種類と特徴

老後の生活資金を確保するための保険として
主に3つのタイプがあります

　個人年金保険は、契約で定めた年齢になると年金形式で保険金を受け取ることができ、老後の生活資金の準備に適しています。年金支払い開始前に死亡した場合は、払込保険料相当の死亡給付金が遺族に支払われます。個人年金保険には、①終身年金、②確定年金、③有期年金の3種類があります。

3つの個人年金保険の特徴

◆終身年金

　終身年金は、**被保険者が生存している限り年金が支払われます**。老後の生活資金の準備のためにはもっとも優れているといえますが、ほかの個人年金保険に比べると、**保険料は割高**になります。

　夫婦の両方を被保険者にして、夫か妻のどちらかが生存している限り年金が支払われるタイプもあります。

◆確定年金

　確定年金は、契約時に年金の支払期間を決め、その**期間内であれば被保険者の生死にかかわらず年金が支払われます**。支払期間中に被保険者が死亡した場合は、遺族が年金を受け取ります。

◆有期年金

　有期年金は、契約時に年金の支払期間を決め、その**期間内に被保険者が生存していることを条件に年金が支払われます**。支払期間中に被保険者が死亡した場合、それ以降の年金の支払いはありません。

　年金が支払われる期間が短いと、保険料がムダになってしまう可能性もありますが、ほかの個人年金保険より保険料が割安なため、自分の生きている間だけの保障で十分と考えるのであれば、効率的に老後資金を確保できる個人年金保険です。

◉ 個人年金保険の3つのタイプ

①-1 終身年金

> 生きている限り
> ずっと受け取れる！

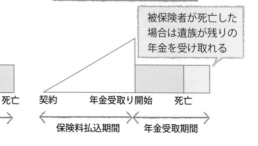

② 確定年金

> 生死に関係なく
> 一定期間、受け取れる！

> 被保険者が死亡した
> 場合は遺族が残りの
> 年金を受け取れる

③ 有期年金

> 生きていることを条件に
> 一定期間、受け取れる

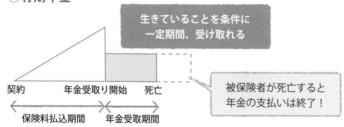

> 被保険者が死亡すると
> 年金の支払いは終了！

①-2 保証期間付終身年金

> 終身年金と有期年金は、被保険者の死亡時期によっては、年金の受取総額が少なくなってしまうことも考えられる。そのため、生死にかかわらず年金が支払われる保証期間を付けることも可能

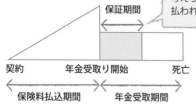

> 保証期間中は被保険者の生死に
> かかわらず受け取れる

> 被保険者の「生死にかかわらず」年金を受け取れるのが確定年金、
> 被保険者の「生存を条件」に年金を受け取れるのが有期年金です！

1 資金計画
2 リスク管理
3 金融資産運用
4 タックスプランニング
5 不動産
6 相続・事業承継

06 医療保険と医療特約

病気やケガの治療や入院などの出費に備える
2つの保険活用法があります

　病気やケガによる治療や入院、手術に備えるためには、**医療保険に加入する方法**と**医療特約を付保する（医療特約を付ける）方法**があります。医療特約はあくまでも主契約（定期保険や終身保険など）に付加するオプションなので、主契約の保険が終了したり解約したりすると特約もなくなってしまいます。

医療保険とがん保険の概要

◆ 医療保険の特徴

　医療保険の主な保障は、**入院給付金と手術給付金**です。

　入院給付金は、1日当たり5,000円というように定額で設定され、**入院した日数に応じた給付金が支払われます**。入院給付金の支払限度日数には、1入院当たりの支払限度日数と通算の支払限度日数があります。

　手術給付金は、手術の種類に応じて10倍、20倍のように倍率が決められていて、入院給付金日額にその倍率を掛けた手術給付金が支払われます。

　なお、**通院給付金**は、一般的に入院をした場合に、その退院後の通院の際に支払われる給付金です。

◆ がん保険の特徴

　がん保険は、がんの治療や手術に特化して給付金が支払われる保険で、医療保険よりも保険料は割安です。がん保険には、加入後3カ月間（または90日間）の待期間と呼ばれる免責期間が設けられており、**その期間にがんと診断されても給付金は支払われません**。

　がんの治療では、入院日数が長くなることが多いため、がん保険の入院給付金には支払日数の限度が決められていません。

　がん診断給付金は、がんと診断された場合に支払われる給付金です。

◎ 医療保険の保障

入院給付金：入院1日当たりの給付金の額が決められ、入院日数に応じて支払われる

- 1入院当たりの支払限度日数（30日、60日など）と通算の支払限度日数（730日、1,000日など）が決められている
- 退院の翌日から180日以内に同じ病気で入院をした場合は1入院とみなされ、1入院当たりの支払限度日数が支払いの上限となる

手術給付金：手術の種類に応じた倍率を、1日当たりの入院給付金の額に掛けた額が支払われる

◎ がん保険の保障

> 加入後3カ月以内にがんと診断されても、給付金は支払われません！

診断給付金：がんと診断された場合に支払われる

入院給付金：入院1日当たりの給付金の額が決められ、入院日数に応じて支払われる

※がん保険の入院給付金には支払限度日数がない

手術給付金：手術の種類に応じた倍率を、1日当たりの入院給付金の額に掛けた額が支払われる

◎ 主な医療特約

疾病入院特約	病気で入院したときに、入院した日数に応じた入院給付金が支払われる
災害入院特約	事故やケガで入院したときに、入院した日数に応じた入院給付金が支払われる
傷害特約	不慮の事故・所定の感染症で死亡したときに、死亡保険金が支払われるほか、災害で障害状態になったときにも障害給付金が支払われる
生活習慣病入院特約（成人病入院特約）	5大生活習慣病（がん、脳血管疾患、心疾患、高血圧疾患、糖尿病）で入院したときに、入院した日数に応じた入院給付金が支払われる
特定疾病保障特約	死亡・高度障害保険金のほかに、がん・急性心筋梗塞・脳卒中で所定の状態になったときに生前給付金が支払われる。どちらかが支払われた段階で契約が終了する
リビング・ニーズ特約	医師により余命6カ月以内と診断された場合に、請求により死亡保険金の全部または一部が支払われる。割増保険料は不要

1 資金計画

2 リスク管理

3 金融資産運用

4 タックスプランニング

5 不動産

6 相続・事業承継

07 生命保険・医療保険と税金

保険料は生命保険料控除の対象となり、
保険金は相続税や所得税などが課されます

　生命保険や医療保険の保険料や保険金は、所得税や住民税などの税金に関わってきます。

　支払う「保険料」の税金と、受け取る「保険金」の税金とは、分けて理解するのがポイントです。それぞれの税金との関わりを見ていきましょう。

保険料は所得控除の対象、保険金は課税の対象

◆ 保険料は生命保険料控除の対象

　生命保険や医療保険の保険料は、生命保険料控除の対象となります。支払った保険料の額に応じた生命保険料控除を、その年の所得から差し引くことができるため、所得税、住民税が軽減されます。

　対象となる保険料はその年に支払った額で、配当金を受け取った場合はその金額を差し引きます。

　対象となる保険契約は、生命保険会社、かんぽ生命、生命（医療）共済、医療保険などで、少額短期保険業者は対象外です。

　生命保険料控除には、①一般の生命保険料控除、②個人年金保険料控除、③介護医療保険料控除の３つがあります。

◆ 保険金には相続税、所得税、贈与税が課税

　個人が死亡保険金を受け取った場合、契約者・被保険者・保険金受取人の組み合わせによって、相続税、所得税、贈与税のいずれかが課されます。また、満期保険金を受け取った場合も、死亡保険金と同様の課税です。

◆ 非課税となる保険金や給付金

　医療保険（特約）の入院給付金や手術給付金は、非課税です。

　また、リビング・ニーズ特約、特定疾病保険、高度障害保険などの生前給付保険金も、非課税となります。

3種類の生命保険料控除

❶ **一般の生命保険料控除**：生存または死亡に起因して保険金が支払われる保険契約

❷ **個人年金保険料控除**：個人年金のうち、年金受取人が納税者本人または配偶者のいずれかなど、一定の要件を満たす保険契約

❸ **介護医療保険料控除**：入院・通院など、医療費の支払いに起因して保険金が支払われる保険契約

傷害特約はケガの補償なので、
介護医療保険料控除の対象外です

生命保険料控除には3種類あり、
合計で最大12万円まで控除を
受けられます

生命保険料控除の計算式（2012年1月1日以降の契約の場合）

払込保険料		控除額
20,000円以下		全額
20,000円超	40,000円以下	払込保険料 × 1/2 + 10,000円
40,000円超	80,000円以下	払込保険料 × 1/4 + 20,000円
80,000円超		40,000円

※一般の生命保険料控除と個人年金保険料控除、介護医療保険料控除のそれぞれで、最高40,000円まで控除できる

※住民税における控除額は、年間の支払保険料が56,000円超で最大28,000円となる

死亡保険金の課税関係

契約者	被保険者	保険金受取人	課税関係
夫	夫	妻 （相続人）	相続税：**相続税の非課税枠（下記の算式）あり** 500万円 × 法定相続人の数
夫	妻	夫	所得税：**一時所得** （受取保険金 − 保険料 − 50万円）× 1/2
夫	妻	子	贈与税：受取保険金 − 基礎控除（110万円）

1 資金計画
2 リスク管理
3 金融資産運用
4 タックスプランニング
5 不動産
6 相続・事業承継

08 損害保険のしくみ

偶然の事故による損害に対して
人・モノ・賠償責任などを補償する保険です

急激・偶然・外来の事故による損害を補償するのが損害保険です。代表的な損害保険には、**火災保険**、**自動車保険**、**傷害保険**、**賠償責任保険**などがあります。生命保険では契約で決められた額の保険金が支払われる（**定額払い**）のに対し、損害保険では、損害を受けた額が支払われる**実損払い**です。

万が一の事故による負担を軽減する損害保険

◆ 損害保険の保険料の原則と基本用語

損害保険の保険料は、「大数の法則」「収支相等の原則」（ともに75ページ）に加え、**給付・反対給付均等の原則**（公平性の原則）、**利得禁止の原則**によって計算されます。

◎ 損害保険の保険料の原則

給付・反対給付均等の原則（公平性の原則）	保険料がその危険度に応じて算出されるという原則 【例】同じ構造の建物でも、用途によって火災保険料が異なる
利得禁止の原則	被保険者は保険金を受け取ることで利得を得てはいけない原則 → 実際の損失額の支払いを受ける＝ 実損払い

◎ 損害保険の基本用語

保険の目的	建物・家財、自動車、人などの保険を掛ける対象
保険価額	保険事故が発生したときに予想される最大の損害額で、保険の目的となるものの評価額。通常は時価が保険価額となるが、新価が保険価額となることもある
保険金額	保険の契約時に決める契約額で、保険金で補償される限度額となる
再調達価額（新価）	保険の目的と同等のものを新たに購入する際に必要な金額
時価	再調達価額から使用による消耗分を差し引いた金額

◆ 損害保険の掛け方による種類

損害保険の保険価額と保険金額の関係によって、①**超過保険**、②**全部保険**、③**一部保険**の３種類があります。

◎ 超過保険・全部保険・一部保険

①超過保険	**保険価額 < 保険金額** 保険金額が保険価額よりも大きい保険 → 損害額は全額が支払われる → 保険価額を超える保険金は支払われない
②全部保険	**保険価額 = 保険金額** 保険金額と保険価額が等しい保険 → 損害額は全額が支払われる
③一部保険	**保険価額 > 保険金額** 保険金額が保険価額を下回る保険 → 保険金は比例てん補により計算される

◎ 比例てん補とは?

保険金額が保険価額を下回る保険(一部保険)において、両者の割合によって、保険金が削減されてしまうこと

計算式

$$支払金額 = 損害額 \times \frac{保険金額}{保険価額 \times 80\%}$$

【例】建物の評価額:1,500万円／保険金額:1,000万円／損害額:600万円

$$支払金額 = 600万円 \times \frac{1,000万円}{1,500万円 \times 80\%} = 500万円$$

◎ 損害保険に関わる法律

失火の責任に関する法律(失火責任法)

火災の場合、失火者に重過失がなければ、賠償責任を負わない。つまり、軽過失の火災の延焼で隣家を焼失させても、隣家は賠償請求できない。そのため、火災保険は自身で加入する必要がある。ただし、賃貸住宅の場合は、家主に対する原状回復義務があるため、軽過失であっても賠償責任を負う。

自動車損害賠償保障法(自賠法)

自動車事故の被害者救済を目的とした法律で、原則として、すべての自動車は自賠責保険に加入しないと運行できない。被害者保護の立場から、民法の過失責任よりも重く、加害者に無過失責任に近い責任を課している。

製造物責任法(PL法)

引き渡した製造物に欠陥があり、他人の身体・財物に危害を与えた場合、これによって生じた責任を賠償する責任がある。被害者には、製造業者などの過失の立証責任はない。

1 資金計画

2 リスク管理

3 金融資産運用

4 タックスプランニング

5 不動産

6 相続・事業承継

09 火災保険・地震保険

火災保険は火災等での建物・家財の損害を補償する
保険ですが、地震等による火災は補償されません

　火災保険は、火災などによる建物や家財の損害を補償する保険です。住宅を対象とする火災保険の場合、保険の目的は建物および家財となり、それぞれ別に保険金額を設定します。代表的な火災保険は、**住宅火災保険**と**住宅総合保険**ですが、火災だけでなく、落雷や台風、大雪による被害、爆発による損害なども補償の対象です。

火災保険で補償される範囲

◆ 火災保険の保険金額と補償の範囲

　損害保険は、実損払い（88 ページ）が原則なので、建物の保険金額は、通常、その建物の時価になります。しかし、使用による消耗分を差し引いた時価での支払いでは、せっかく保険金を受け取っても、それだけで新しい建物を建てることができません。そこで、**価額協定保険特約**を付けることによって、**再調達価額**（新価：保険の目的と同等のものを新たに建築あるいは購入する際に必要な金額）での支払いが可能になります。

　家財の保険価額は、契約者の収入や年齢によって、「家財一式 500 万円」というように、包括的に設定します。建物だけ、家財だけという保険の掛け方も可能です。

◆ 地震保険（特約）について

　火災保険では、**地震・噴火・津波とこれらが原因の火災は補償されません**。そのため、別に地震保険に加入する必要があります。地震保険は単独では加入できず、必ず**火災保険の特約として契約（付保）**します。

　火災保険の保険金額の 30 ～ 50％の範囲（建物 5,000 万円、家財 1,000 万円が限度）で保険金額を設定し、保険金の支払いは全損・大半損・小半損・一部損の 4 段階の区分で支払額が決められます。

◎ 住宅火災保険と住宅総合保険の補償

直接損害の例	住宅火災保険	住宅総合保険
火災、風災、雪災、落雷、爆発、破裂による損害	◯	◯
消防による建物の損傷	◯	◯
水災（一定規模以上のもの）	×	◯
水漏れ（給排水設備事故による水漏れ）	×	◯
外来物の落下、飛来、衝突（車の飛込みなど）	×	◯
盗難	×	◯
持ち出し家財の損害	×	◯
地震・噴火・津波	×	×

◯：補償される　×：補償されない

◎ 地震保険の損害区分と保険金額

損害区分	保険金額
全損	地震保険金額の全額（時価が限度）
大半損	地震保険金額の60%（時価の60%が限度）
小半損	地震保険金額の30%（時価の30%が限度）
一部損	地震保険金額の5%（時価の5%が限度）

地震保険の保険金の支払いは、被害の程度によって左表のように、4段階に分かれています

「地震保険」のポイントとは？

・火災保険の保険金額の30~50%の範囲で保険金額を設定します。

・保険金額の上限は、建物5,000万円、家財1,000万円です。

・免震建築物割引、耐震等級割引、耐震診断割引、建築年割引の4つの保険料割引がありますが、重複して適用は受けられません。

1 資金計画
2 リスク管理
3 金融資産運用
4 タックスプランニング
5 不動産
6 相続・事業承継

10 自動車保険

強制加入の自賠責保険と
任意で加入する自動車保険があります

　自動車保険は、自動車事故による相手や搭乗者の死亡や傷害、器物の破損による損害賠償や自分自身のケガなどの補償を行う保険です。自動車保険には、強制加入の**自賠責保険**と任意加入の**自動車保険**があります。

自賠責保険と任意の自動車保険の補償の違い

◆ 自賠責保険

　自賠責保険は、自動車損害賠償保障法（自賠法）で加入が義務付けられている自動車保険です。補償の対象は**対人賠償に限られており、車の損害等の対物賠償は補償されません。**

　また、自賠責保険では、死傷者1人当たりの支払限度額が定められており、限度額を超えた賠償金の額は補償の対象外です。

　ひき逃げや盗難車による事故は自賠責保険の対象外ですが、被害者救済の観点から**政府の保障事業**があり、自賠責保険と同額の補償を受けることができます。

◆ 任意の自動車保険

　任意の自動車保険は、損害保険会社が販売する自動車保険で、**自賠責保険の限度額を超えた対人賠償や、自賠責保険では補償されない対物賠償、自損事故、運転者本人の死亡や傷害などを補償**する保険です。

　保険の目的が異なるさまざまな任意の自動車保険があり、必要な補償を選んで加入することができます。対人賠償保険、対物賠償保険は、被害者救済の観点から飲酒運転や無免許運転の場合も補償されますが、**本人・親・子・配偶者に対する賠償は対象外**です。

　任意の自動車保険で支払われる保険金の額は、**過失相殺**の考え方によって計算されます。

◎ 自賠責保険の補償限度額（死傷者1人当たり）

事故の区分	補償の区分	支払限度額
死亡事故	死亡	3,000万円
	死亡までの傷害	120万円
傷害事故	傷害	120万円
	後遺障害	75万～4,000万円

自賠責保険は、親・子・配偶者に対する損害賠償も支払いの対象ですが、本人のケガや死亡などは対象外です

◎ 任意の自動車保険の種類と補償内容

対人賠償保険	自動車事故で他人を死傷させ法律上の賠償責任を負った場合、自賠責保険の限度額を超えた部分が支払われる ※本人・親・子・配偶者に対する賠償責任は対象外
対物賠償保険	自動車事故で他人の財物（建物、自動車など）に損害を与えて法律上の賠償責任を負った場合に支払われる ※本人・親・子・配偶者に対する賠償責任は対象外
搭乗者傷害保険	自動車の搭乗者（運転者も含まれる）が、事故によって死亡・後遺障害・傷害を被った場合に定額の保険金が支払われる
リスク細分型保険	運転者の年齢や性別、居住地、車種など9種類の要件に細分し、保険会社がそのリスクに応じて保険料を決定する。契約者の属性によって保険料が安くなる
人身傷害補償保険	被保険者が自動車事故で死亡・後遺障害・傷害の状態になったとき、相手から補償されない自分の過失部分も含めて、示談が成立する前に、損害額の全額が支払われる

◎ 過失相殺の考え方

過失相殺とは？	事故当事者である被害者と加害者双方の過失割合に応じて、加害者側の賠償額を減額すること

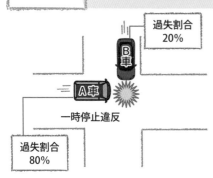

過失割合
20%

一時停止違反

過失割合
80%

対物賠償保険の支払い例
A車：損害額50万円　過失割合80%
　　　AはBの損害額30万円の80%
　　　（24万円）をBに支払う
B車：損害額30万円　過失割合20%
　　　BはAの損害額50万円の20%
　　　（10万円）をAに支払う

1 資金計画
2 リスク管理
3 金融資産運用
4 タックスプランニング
5 不動産
6 相続・事業承継

11

その他の損害保険

重要度 ★★☆

突然のケガや他人に対する賠償責任など
損害保険にはさまざまなタイプがあります

　火災保険や自動車保険以外にも、いろいろな損害保険がありますが、個人が加入する損害保険としては、**傷害保険**と**賠償責任保険**の2つが重要です。

　一方、企業が加入する損害保険には、事業上のリスクを補償する賠償責任保険として、施設賠償責任保険などがあります。

個人が加入する傷害保険と賠償責任保険の概要

◆ ケガによる治療などを補償する「傷害保険」

　傷害保険は、急激・偶然・外来の事故によるケガで、通院や入院、手術のための保険金や、死亡保険金、後遺障害保険金などが支払われる保険です。**普通傷害保険は、国内外、家庭内、職場内、旅行中などを問わず、日常生活でのケガが補償**されます。家族傷害保険も補償内容は同じですが、家族全体のケガが補償の対象です。対象となる家族は、**本人・配偶者・生計を一にする同居の親族・生計を一にする別居の未婚の子**です。傷害保険では、病気の治療などは補償の対象外です。また、地震・噴火・津波が原因のケガも特約がない限り補償の対象外です。

　旅行中のケガなどを補償するのが、**海外（国内）旅行傷害保険**です。いずれも旅行のために自宅を出てから帰宅するまでが補償の対象ですが、海外旅行傷害保険と国内旅行傷害保険では、補償の範囲が異なります。

◆ 損害賠償責任を補償する「個人賠償責任保険」

　個人賠償責任保険は、個人が日常生活の偶然の事故により、**第三者に損害を与えたときの損害賠償責任を補償する保険**で、被保険者本人だけでなく、配偶者・生計を一にする同居の親族・生計を一にする別居の未婚の子も補償の対象です。車両事故による賠償、業務上の賠償、預かり物の賠償などは、補償の対象外です。

◎ 保険金が支払われるケース・支払われないケース

保険金が支払われるケース（○）　支払われないケース（✕）

傷害保険の場合

- ○　仕事中に転んでケガをした
- ○　草野球で指を骨折した
- ✕　病気、地震・噴火・津波が原因でケガをした
- ✕　O-157などで細菌性食中毒を起こした（ただし、特約があれば支払われる）

個人賠償責任保険の場合

- ○　子どもが他人の家のガラスを割った
- ○　物干し竿が強風で飛び、通行人がケガをした
- ○　妻が食器店に陳列されている食器を割った
- ○　飼い犬が他人に噛みつきケガをさせた
- ✕　喫茶店でアルバイト中に、客の衣服にコーヒーをこぼした
- ✕　友人から借りたカメラを落として破損した

◎ 普通傷害保険と海外（国内）旅行傷害保険の違い

（補償の対象：○　補償の対象外：✕）

	病気	特定感染症・細菌性食中毒	地震・噴火・津波
普通傷害保険	✕	✕（特約で ○）	✕（特約で ○）
海外旅行傷害保険	○	○	○
国内旅行傷害保険	✕	○	✕（特約で ○）

◎ 事業上のリスクを補償する賠償責任保険

施設賠償責任保険	施設の管理の不備や構造上の欠陥による損害賠償責任を補償する 【例】・ワックスが原因で、客が滑って転びケガをした
生産物賠償責任保険 （PL保険）	製造・販売した製品の欠陥によって、他人に損害を与えた場合の法律上の賠償責任を補償する 【例】・電子レンジが出火し、やけどを負った 　　　・飲食店の料理で、客が食中毒を起こした
受託者賠償責任保険	預かり物の滅失、盗難、紛失による賠償責任を補償する 【例】・クロークで預かった客のコートが盗まれた

1 資金計画

2 リスク管理

3 金融資産運用

4 タックスプランニング

5 不動産

6 相続・事業承継

12 損害保険の税金

所得控除が適用されるのは地震保険の保険料のみで、
保険金の多くが非課税です

損害保険の保険料も、生命保険の保険料と同じように所得控除の適用を受けることができますが、**対象となるのは地震保険の保険料だけ**です。

所得控除の対象となるのは、1年間に支払った地震保険料の全額です。これを地震保険料控除といいます。ただし、控除できる上限が定められており、**所得税では5万円、住民税では2万5,000円（ただし、支払った保険料の2分の1）** が限度となります。

保険金の課税はその意味合いによって変わってくる

一方、損害保険の各種の保険金と税金との関係はどうでしょうか。それは次の通りです。

◆損害保険金を受け取った場合

火災保険、自動車保険の対人賠償保険、対物賠償保険など、**個人が損害を受けたことによって支払われた損害保険金**は非課税となります。

法律上の賠償責任によって支払われる賠償責任保険の保険金も、非課税になります。

◆入院給付金などを受け取った場合

入院給付金や高度障害保険金などは、**損失を補てんするという意味合いで支払われる**ため、非課税となります。

また、損害賠償金や見舞金を受け取った場合も、社会通念上、妥当な金額については非課税です。

◆死亡保険金を受け取った場合

損害保険の死亡保険金を受け取った場合、生命保険の死亡保険と同様に、契約者・被保険者・保険金受取人の関係により、**相続税、所得税、贈与税のいずれかの対象**となります。

◎ 死亡保険金の課税関係

契約者	被保険者	保険金受取人	課税関係
夫	夫	妻 （相続人）	相続税：相続税の非課税枠（下記の算式）あり 500万円 × 法定相続人の数
夫	妻	夫	所得税：一時所得 （受取保険金 － 保険料 － 50万円）× 1/2
夫	妻	子	贈与税：受取保険金 － 基礎控除（110万円）

死亡保険金を受け取った場合の課税は、
生命保険と同じです（87ページ参照）

◎ 災害で損失を被ったときの税金

雑損控除

家屋や生活用動産が、災害や火災、盗難、横領などで損害を受けた場合、所得控除の1つである雑損控除の適用を受けることができる。保険金や損害賠償金などを受け取った場合は、それらを差し引いた額が対象となり、所得税、住民税を軽減することができる。

災害減免法

災害により住宅や家財の損失額が時価の50％以上になった場合、災害減免法により、その年の所得税の一定割合が減免される。

災害時の税金の軽減制度を知っておけば、
万が一のときも安心です！

問題にチャレンジ！

問題　普通傷害保険では、日常生活上のケガによって受け取った保険金は、課税の対象外となる。○か×か？

解説　傷害保険（普通・家族）や火災保険、自動車保険、賠償責任
保険などで支払われた損害保険金や、入院給付金、高度障害保険金
などは非課税です。　　　　　　　　　　　　　答え　○

実技試験にチャレンジ！！
～生命保険料控除の金額

コラム 2

【問題】

岡田敏郎さんが 2024 年中に支払った生命保険の保険料が下記＜資料＞の通りである場合、敏郎さんの 2024 年分の所得税における生命保険料控除の金額として、正しいものはどれか。

＜資料＞

> ［終身保険（無配当）］
>
> 保険契約者：岡田敏郎
> 被保険者：岡田敏郎
> 死亡保険金受取人：岡田明子（妻）
> 契約日：2018 年 10 月 1 日
> 2024 年の年間支払保険料：75,000 円

【2012 年 1 月 1 日以降に締結した保険契約等に係る控除額】

年間の支払保険料の合計		控除額
	20,000 円以下	支払金額
20,000 円超	40,000 円以下	支払金額 ×1/2＋10,000 円
40,000 円超	80,000 円以下	支払金額 ×1/4＋20,000 円
80,000 円超		40,000 円

1．38,750 円
2．40,000 円
3．47,500 円

解説と解答

岡田敏郎さんが 1 年間で支払った保険料は 75,000 円なので、上の【保険契約等に係る控除額】の表中の「支払金額×1/4＋20,000円」が当てはまり、以下のように計算できます。

75,000 円 ×1/4＋20,000 円 ＝ 38,750 円

【解答】　　　1

第 3 章

金融資産運用

「お金を貯める・増やす」は、安定した生活を送るためには不可欠です。「金融資産運用」では、さまざまな金融商品について学びます。預金や貯金など貯蓄型金融商品は、元本が保証されており、安全性が高いのが特徴です。一方、株式や投資信託といった投資型金融商品は、大きなリターンを得られるのが特徴になります。各金融商品の内容だけでなく、リスクを知ることも大切です。

01 景気と物価を見るための指標

GDPや日銀短観などの景気の変動を知るための
代表的な経済指標を学びます

　私たちが利用できる金融商品には、普通預金や定期預金などの**貯蓄型商品**と、債券や株式、投資信託などの**投資型商品**があります。貯蓄型商品は元本（がんぽん）が保証されていることが多いですが、投資型商品はそのときの経済や景気によって利益や損失が発生し、元本割れしてしまうこともあります。

　できるだけ損失が発生しないように運用するには、景気の現状をしっかりと捉え、今の状況ではどのような金融商品を利用すればいいのか判断する必要があります。ここでは、景気や物価を見る指標を学習します。

景気がわかる3つの指標

◆ GDP（国内総生産）

　GDPは、**1年間に国内で生産されたモノやサービスの付加価値の総額**で、内閣府が年4回、公表している指標です。

　GDPと似た指標に **GDE（国内総支出）** がありますが、GDPが生産面から見た指標であるのに対し、GDEは1年間に国内で支出されたお金の総額を表す支出面から見た指標です。生産されたものは、すべて誰かが購入しその代金を支払うことになると考えると、GDPとGDEの値は等しくなります。

　GDPの前年に対する伸び率を表したものが**経済成長率**で、**名目成長率**と**実質成長率**がありますが、**実質成長率で見るのが一般的**です。

◆ 日銀短観（全国企業短期経済観測調査）

　日銀短観（にちぎんたんかん）は、**企業の経済活動の現状把握と将来予測のため、日本銀行が年4回行っている調査**です。国内の1万社程度の企業に対して、景気の現状と3カ月後の予想についてアンケート調査を行い、その結果を**業況判断DI**（ディフュージョン・インデックス）の値で公表します。

◎ GDE の内訳

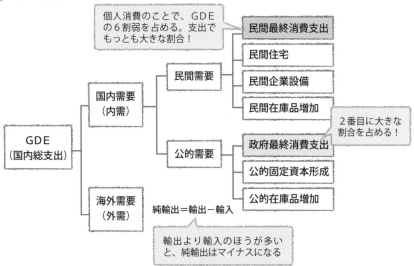

個人消費のことで、GDE の６割弱を占める。支出でもっとも大きな割合！

民間最終消費支出
民間住宅
民間企業設備
民間在庫品増加

２番目に大きな割合を占める！

政府最終消費支出
公的固定資本形成
公的在庫品増加

GDE（国内総支出）

国内需要（内需）

民間需要

公的需要

海外需要（外需）

純輸出＝輸出－輸入

輸出より輸入のほうが多いと、純輸出はマイナスになる

◎ ２つの経済成長率

「実質値 ＝ 名目値 － 物価変動率」で表され、インフレ時は物価変動率がプラスになるため、名目値のほうが実質値より大きくなります

名目値（名目GDP）	その時々の時価で表示したGDP
実質値（実質GDP）	インフレやデフレなど物価の変動を加味したGDP

〔実質経済成長率の求め方〕

$$実質経済成長率（\%）＝ \frac{本年の実質GDP－前年の実質GDP}{前年の実質GDP} × 100$$

◎ 日銀短観とは？

$$業況判断DI（\%）＝ \boxed{業況が良いと回答した企業の割合} － \boxed{業況が悪いと回答した企業の割合}$$

※業況判断DIには、現在の業況を見る指標と３カ月後の業況を予測する指標がある

1 資金計画

2 リスク管理

3 金融資産運用

4 タックスプランニング

5 不動産

6 相続・事業承継

業況判断 DI は、「業況が良い」と回答した企業の割合から、「業況が悪い」と回答した企業の割合を引いて算出します（101 ページ）。業況判断 DI の数値が上昇すると景気拡大の局面にあり、下落すると景気後退の局面にあるとみなされます。

◆ 景気動向指数

景気動向指数は、景気の動きを把握するために生産・労働・消費・物価などの分野から**景気に敏感な 30 個の指標を選び、その動きを一本化した指標**です。内閣府が毎月公表しており、景気の動きを客観的に見ることができます。

景気動向指数で採用されている指標は、先行系列、一致系列、遅行系列の 3 系列に分けられ、景気の現状を知るためには一致系列が用いられます。公表されている指標には**景気 DI** と**景気 CI**（コンポジット・インデックス）があり、現在は景気 CI が中心的な指標となっています。

物価の動きを知るための 2 つの指標

◆ 企業物価指数

企業物価指数は、**企業間の取引における商品価格の変動を捉えた指標**で、日本銀行が公表しています。

企業間の取引なので、景気がいいときは上昇し、景気が過熱すると高騰するというように、景気の動きを敏感に反映し、原油価格や為替レートの変動に影響を受けやすい特徴があります。

◆ 消費者物価指数

消費者物価指数は、**家計（最終消費者）が購入する財とサービスの価格を捉えた指標**で、総務省が公表しています。企業物価指数と比べると短期的な変動が少なく指数の動きが安定しているという特徴があり、中長期的な物価の変動を捉えるのに適しています。公的年金の額の改定や政府の経済施策の決定の参考にされる重要な指標です。

消費者物価指数の調査の対象となる品目には、財（モノ）だけでなく、サービス価格も含まれます。

◎ 景気動向指数に採用されている指標（一致系列の場合）

①生産指数（鉱工業）　　⑤投資財出荷指数　　　⑨有効求人倍率
②鉱工業用生産財出荷指数　⑥商業販売額（小売業）　⑩輸出数量指数
③耐久消費財出荷指数　　　⑦商業販売額（卸売業）
④労働投入量指数　　　　　⑧営業利益

一致系列は、景気と同じタイミングで動く指標です。
一方、先行系列は、景気に先行して動く指標であり、
遅行系列は、景気に遅れて動く指標です

◎ 景気DIと景気CI

景気DI ── 景気の各経済部門への波及度合い（波及度）を把握する指標

$$景気DI（\%）= \frac{3カ月前と比べて プラスの指標数 + \dfrac{3カ月前と比べて 横ばいの指標数}{} \times 0.5}{採用指標数（公表分）} \times 100$$

一致指数が50％を上回っているとき　→　景気拡張局面
一致指数が50％を下回っているとき　→　景気後退局面

> 景気DIは
> 最高値が100％
> 最低値が0％

景気CI ── 景気変動の大きさやテンポ（量感）を示す指標

景気DIと同じ指標を使い、各指標の変化率を合成して算出

一致指数が上昇　→　景気拡張局面
一致指数が下落　→　景気後退局面

ワンポイント

金融分野の基本用語を理解しよう

インフレ（インフレーション）：物価が上昇すること。インフレ時は貨幣価値が下がる
デフレ（デフレーション）：物価が下落すること。デフレ時は貨幣価値が上がる
マネーストック：個人・法人・地方公共団体が保有する通貨の総量
　　　　　　　　のこと。日本銀行が毎月公表している

1 資金計画

2 リスク管理

3 金融資産運用

4 タックスプランニング

5 不動産

6 相続・事業承継

02 金利の動きと 日本銀行の金融政策

重要度 ★★☆

経済活動に影響を与える金利が
どのように動くかを押さえましょう

　金融とは「お金の貸し借りを行うこと」であり、お金の貸し借りを行う場所が金融市場（マーケット）です。

金融市場のしくみ

　金融市場は、**満期が 1 年未満**の短期金融市場と、**満期が 1 年以上**の長期金融市場に分けられます。

　短期金融市場にはインターバンク市場とオープン市場があり、代表的な金利は無担保コール翌日物レートです。長期金融市場には公社債市場と株式市場があり、**新発 10 年長期国債の利回り**が代表的な金利です。

　金利は日本銀行の金融政策によって水準が決まりますが、長期金利は景気や物価、為替相場、海外金利などの影響を受けて変動します。

日本銀行が行う代表的な 3 つの金融政策

　日本銀行は、わが国の中央銀行であり、物価の安定などを目的として金融政策を行っています。代表的な金融政策には、次の 3 つがあります。

❶政策金利操作

　かつては金融政策の中心でしたが、現在の金融政策の中心は**❷公開市場操作**に移っています。

❷公開市場操作

　日本銀行が、**民間金融機関に国債などの売買を行い市場に流通する通貨の量（マネーストック）を調節する政策**で、現在の金融政策の中心です。

❸預金準備率操作

　預金準備率（民間金融機関が日本銀行の当座預金に預けるお金の量）を調節して、市場の資金量を調節する政策です。

◎ 金融市場の分類

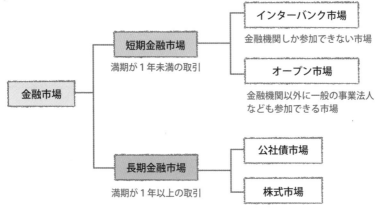

```
                              ┌─ インターバンク市場
                              │   金融機関しか参加できない市場
              ┌─ 短期金融市場 ─┤
              │   満期が1年未満の取引
              │               └─ オープン市場
金融市場 ─────┤                   金融機関以外に一般の事業法人
              │                   なども参加できる市場
              │
              │               ┌─ 公社債市場
              └─ 長期金融市場 ─┤
                  満期が1年以上の取引  └─ 株式市場
```

◎ 景気・物価・為替・海外金利は、長期金利にどう影響する?

	国内景気		国内物価		為替相場		海外金利	
	好況	不況	上昇	下落	円安	円高	上昇	低下
長期金利の動き	↗	↘	↗	↘	↗	↘	↗	↘

◎ 公開市場操作 (買いオペ・売りオペ) とは?

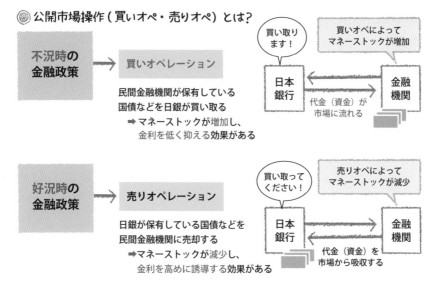

不況時の金融政策 → **買いオペレーション**

民間金融機関が保有している
国債などを日銀が買い取る
➡ マネーストックが増加し、
　金利を低く抑える効果がある

買い取ります!

買いオペによって
マネーストックが増加

日本銀行 ← 金融機関
代金(資金)が
市場に流れる

好況時の金融政策 → **売りオペレーション**

日銀が保有している国債などを
民間金融機関に売却する
➡ マネーストックが減少し、
　金利を高めに誘導する効果がある

買い取ってください!

売りオペによって
マネーストックが減少

日本銀行 → 金融機関
代金(資金)を
市場から吸収する

1 資金計画
2 リスク管理
3 金融資産運用
4 タックスプランニング
5 不動産
6 相続・事業承継

03 預金・貯金

重要度 ★★☆

貯蓄型商品の代表で
元本が保証され、安全性が高いのが特徴です

金融商品には、貯蓄型商品と投資型商品があると前述しましたが、前者の代表が、銀行等の金融機関に預け入れる預金や貯金です。**金融機関が元本と利子の支払いを保証しているため安全性が高い商品**といえます。

金利の種類と代表的な預金・貯金

◆ 利子・利率の考え方

銀行等の金融機関にお金を預けると、利子を受け取ることができます。利子の額は利率によって計算できます。利率とは、元本に対して支払われる1年間の利子の割合で、たとえば、元本100万円を利率3%で預けた場合、1年後に3万円の利子を受け取ることができます。

利子の計算方法には、**預け入れた元本に対してのみ利子を計算**する単利と、**支払われた利子を元本に組み入れて、次の期間の利子を計算**する複利があります。

〔単利の計算式〕（元利合計）

$$元利合計 = 元本 \times \left(1 + \frac{年利率}{100} \times 預入期間\right)$$

〔複利の計算式〕（元利合計）

【1年複利】 $元利合計 = 元本 \times \left(1 + \dfrac{年利率}{100}\right)^{年数}$

【半年複利】 $元利合計 = 元本 \times \left(1 + \dfrac{半年利率}{100}\right)^{年数 \times 2}$

◆ 固定金利と変動金利

固定金利は**預入時の利率が満期まで変わりません**が、変動金利は**預入期間中でも市中金利の変動によって適用利率が変更**されます。

◉ 代表的な貯蓄型商品

【一般的な銀行】

> すぐに使わないお金を
> プールしておくのに適している

普通預金	貯蓄預金
預入金額：1円以上1円単位 金利：変動金利 利払い：半年ごとに元本に組入れ ※総合口座の場合、定期預金等を担保とする自動融資の利用が可能	預入金額：1円以上1円単位 金利：変動金利 利払い：半年ごとに元本に組入れ ※毎日の残高が基準残高以上の場合は、普通預金を上回る金利が適用される ※給与の受取口座やカード代金の引落とし口座などの決済に利用することはできない
スーパー定期預金	**大口定期預金**
預入金額：1円以上1円単位 預入期間：1カ月以上10年以内が一般的 金利：固定金利 利払い：2年以上の単利型は1年ごとに中間利払いあり ※預入期間が3年未満は単利型のみ、3年以上は個人のみ単利と半年複利の選択が可能	預入金額：1,000万円以上1円単位 預入期間：1カ月以上10年以内が一般的 金利：固定金利、単利のみ 利払い：預入期間2年以上の場合、年ごとに中間利払いあり ※店頭での相対取引により利率を決定する自由金利商品

> 1,000万円以上ないと
> 預入れはできない

【ゆうちょ銀行】

定額貯金	定期貯金
預入金額：1,000円以上1,000円単位 預入期間：6カ月以降自由満期、最長10年まで 金利：固定金利 利払い：満期時または解約日に一括で支払い ※預入期間に合わせて、6カ月刻みで金利が上昇する段階金利制	預入金額：1,000円以上1,000円単位 預入期間：1カ月、3カ月、6カ月、 　　　　　1・2・3・4・5年 金利：固定金利 利払い：2年物は中間利払いあり。それ以外は満期時一括払い ※3年未満は単利のみ、3年以上は半年複利のみ

※ゆうちょ銀行の預入限度額は、通常貯金と定期性貯金がそれぞれ1,300万円まで

> 銀行の「普通預金」に相当するのが、
> ゆうちょ銀行の「通常貯金」です

1 資金計画

2 リスク管理

3 金融資産運用

4 タックスプランニング

5 不動産

6 相続・事業承継

債券

債券のしくみと「4つの利回り」の
考え方や違いを理解しましょう

債券とは、**国や企業などが資金を借りるために発行する証券**であり、一種の借用証書と考えることができます。

債券の基本的なしくみと分類

◆ 債券の基本的なしくみ

債券を発行する際は、あらかじめ**表面利率**と**発行価格**、**償還期限**が決められます。表面利率とは**額面金額に対する利子の割合**で、利付債では一定期間ごとに利子を受け取ることができます。償還期限とは満期のことで、**満期時には額面金額が償還**されます。

債券の取引は債券市場で行われ、満期前でも市場価格で売買できます。

◆ 債券のさまざまな分類方法

債券には、次に挙げるような分類方法があります。

◎ 発行体による分類

公共債	国債	国（政府）が発行する債券 【例】個人向け国債
	地方債	地方公共団体が発行する債券
民間債	金融債	特定の金融機関が発行する債券
	社債	一般事業会社（企業）が発行する債券

◎ 利払いの方法による分類

利付債	定期的に利子が支払われる債券
割引債	利子の支払いがない代わりに割り引いた金額で発行される債券

◎ 発行時期による分類

新発債	新しく発行される債券
既発債	すでに発行されていて、債券市場に流通している債券

◎ 債券に関する基本用語

表面利率	債券の額面金額に対して支払われる利子の割合。発行時に決められて、原則、満期まで変更されない。クーポンレートともいう
発行価格	新発債を発行する際の売出価格。債券の額面100円当たりの金額で表示する【例】額面100円当たり98円
償還期限	債券の額面金額が償還される期日のこと。満期ともいう
利払い	利付債の利払いは年2回行われることが多い

◎ 債券の償還差益と償還差損

額面金額より安く買った場合は償還差益が、高く買った場合は償還差損が、発生します

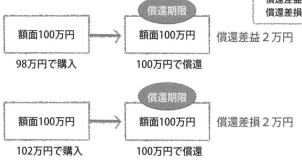

額面100万円	→	償還期限 額面100万円	償還差益2万円
98万円で購入		100万円で償還	

額面100万円	→	償還期限 額面100万円	償還差損2万円
102万円で購入		100万円で償還	

◎ 個人向け国債の種類と特徴

10年物の個人向け国債は変動金利なので、金利の上昇時に有利！

	変動10年	固定5年	固定3年
満期	10年	5年	3年
金利	変動金利 （6カ月ごとに適用利率を見直し）	固定金利	固定金利
適用利率	基準金利 × 0.66 最低保証 0.05%	基準金利 −0.05% 最低保証 0.05%	基準金利 −0.03% 最低保証 0.05%
購入単位	1万円以上1万円単位（額面金額で発行される）		
対象者	個人のみ		
発行時期	毎月		
換金	発行後1年間は中途換金禁止。発行後1年経過すれば、中途換金調整額（直近2回分の税引後利子相当額）を支払うことで、額面での換金が可能		

1 資金計画
2 リスク管理
3 金融資産運用
4 タックスプランニング
5 不動産
6 相続・事業承継

債券投資で重要になる「債券の利回り」の考え方

◆ 債券の利回りの考え方

債券の利回りとは、債券投資で得られる**1年当たりの収益を投資金額で割ったもの**です。債券（利付債）の収益には、利子や償還差益、償還差損があります。債券は償還前に債券市場で売却することもできるので、その場合は譲渡益、譲渡損が発生します。これらの収益を合計したものを、購入した金額で割ったものが債券の利回りです。

債券の利回りには、①応募者利回り、②最終利回り、③所有期間利回り、④直接利回りの4つがあります。

◆ 債券価格と利回りの関係

債券投資をする場合、市中金利の水準を確認することが重要です。

市中金利が高いときに発行される債券は表面利率が高くなり、受け取る利子の額が多くなります。市中金利が低いときに発行される債券の表面利率は低くなり、受け取る利子の額は少なくなります。

また、債券価格は市中金利と逆の動きをするため、**市中金利が上昇すると債券価格は下落し、市中金利が低下すると債券価格は上昇**します。

債券のリスクを判断する「格付け」の考え方

債券は、一定期間ごとに利子が支払われ、満期には額面金額が償還されるため、比較的安全性の高い商品といえます。ただし、債券を発行した企業の経営が悪化したり、経営破綻してしまった場合、利子の支払いが滞ったり、額面が償還されないこともあります。これを債券の信用リスク（デフォルトリスク）といいます。

債券の信用力を判断するモノサシが**格付け**です。

格付けとはAAA（トリプルエー）やBB（ダブルビー）といった簡単な記号で債券の信用力を表すもので、格付けが高くなるほど信用力が高く、発行主体が破綻するリスクは低くなります。

一般的に、**BBB以上が投資適格債、BB以下が投機的格付債**とされ、格付けが下がると債券価格は下落します。

🎯 債券の4つの利回り

①応募者利回り	債券を新規発行時に購入し、満期まで保有した場合の利回り
②最終利回り	既発債を時価で購入し、満期まで保有した場合の利回り
③所有期間利回り	債券を満期まで保有せず、途中で売却した場合の利回り
④直接利回り	購入金額に対して、毎年いくらの利子があるかを見る利回り

【イメージ】

🎯 債券の4つの利回りの計算方法

①応募者利回り

$$応募者利回り（\%）＝ \frac{表面利率＋\dfrac{額面－発行価格}{償還年限}}{発行価格} ×100$$

②最終利回り

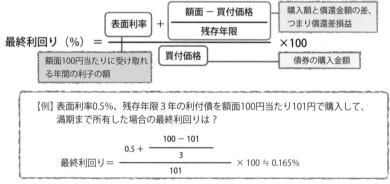

【例】表面利率0.5%、残存年限3年の利付債を額面100円当たり101円で購入して、満期まで所有した場合の最終利回りは？

$$最終利回り＝ \frac{0.5＋\dfrac{100－101}{3}}{101} ×100 ≒ 0.165\%$$

③所有期間利回り

$$所有期間利回り（\%）＝ \frac{表面利率＋\dfrac{売付価格－買付価格}{所有期間}}{買付価格} ×100$$

④直接利回り

$$直接利回り（\%）＝ \frac{表面利率}{買付価格} ×100$$

1 資金計画

2 リスク管理

3 金融資産運用

4 タックスプランニング

5 不動産

6 相続・事業承継

05 株式

重要度 ★★★

株式の取引方法と購入時に確認したい
5つの指標を理解しましょう

　株式は、**株式会社が資金を調達するために発行する証券**です。株式を購入した人はその企業の株主になり、経営に参加したり、配当金を受け取ったりする権利が与えられます。

〔株主の主な権利〕
・**経営参加権**：株主総会で議決権を行使することで経営に参加できる権利
・**配当請求権**：会社から剰余金の分配を受ける権利
・**残余財産分配請求権**：会社が解散した場合、残った財産を受け取る権利

株式の取引に必要な基礎知識

◆ 証券取引所

　一般的な株式は、証券会社を通じて証券取引所で売買します。証券取引所には**東京証券取引所**、名古屋証券取引所、福岡証券取引所、札幌証券取引所があります。東京証券取引所は、再編により、2022年4月から**プライム、スタンダード、グロースの3市場**に区分されました。

◆ 株式の取引方法

❶ 単元株

　株式には**単元株**（たんげんかぶ）が定められています。従来は、銘柄によって、1,000株、100株、50株、1株などさまざまな単元株がありましたが、現在は100株に統一され、**株式の売買は100株単位**で行います。

❷ 注文方法

　株式の売買を行う際は、あらかじめ証券会社に口座を開設する必要があります。注文時には、銘柄名、売り・買いの区別、株数を伝えて、**成行注文（なりゆきちゅうもん）（金額を指定しないで注文する方法）**、または**指値注文（さしねちゅうもん）（金額を指定して注文する方法）**のいずれかを選びます。

◎ 成行注文と指値注文

成行注文	金額を指定しないで注文する方法 ◆「いくらでもいいから1,000株買いたい（売りたい）！」
指値注文	金額を指定して注文する方法 ◆「1,000円で1,000株買いたい（売りたい）！」

> 成行注文のほうが取引が成立しやすいですが、思わぬ高値で買うという事態もありえます

◎ 株式取引の売買ルール

成行注文優先の原則	成行注文が指値注文に優先して約定する
価格優先の原則	指値注文の場合、買い注文は価格が高いほうが、売り注文は価格が低いほうが優先される
時間優先の原則	指値注文で価格が同じ場合、先に注文を出したほうが優先される

◎ 株式取引の基本用語

売買高	証券取引所で1日で売買が成立した株数のこと。同じ銘柄で売り注文1,000株と買い注文1,000株が約定すると、売買高は1,000株となる。売買高を金額で表したものを売買代金という
時価総額	その銘柄の株価に発行済株式数を掛けたもの。株式市場に上場しているすべての企業の時価総額を足すことで、市場の規模を見ることができる

問題にチャレンジ！

問題　証券取引所での株式の売買において、ある銘柄の株式に成行注文と指値注文がある場合、指値注文から優先して売買が成立する。〇か×か？

解説　成行注文と指値注文では、成行注文が優先して売買が成立します。

答え　×

1 資金計画

2 リスク管理

3 金融資産運用

4 タックスプランニング

5 不動産

6 相続・事業承継

売り手と買い手の条件が一致して取引が成立することを約定といい、**約定日から起算して3営業日目に代金の受け渡し**を行います。

◆ 代表的な株価指数

株価の平均値を算出したものが株価指数です。株価指数によって市場の動向を知ることができるため、株式取引ではチェックが欠かせません。

〔代表的な株価指数〕
- 日経平均株価（日経225）
  プライム市場に上場している代表的な225銘柄から算出した修正平均株価
- 東証株価指数（TOPIX）
  プライム市場上場企業と1部上場だった時価総額100億円以上の企業などを対象とした時価総額加重平均型の株価指数
- JPX日経インデックス400（JPX日経400）
  東証に上場している全銘柄からROE（自己資本利益率）などを参考に、投資家にとって魅力の高い400銘柄を選択した時価総額加重平均型の株価指数

◆ 銘柄選びの参考になる投資指標

投資銘柄を選択する際の企業分析では、①配当利回り、②配当性向、③PER（株価収益率）、④PBR（株価純資産倍率）、⑤ROE（自己資本利益率）などの投資指標を用います。

株式投資から得られる収益には、株式の保有による配当金（インカムゲイン）と、売買による譲渡益（キャピタルゲイン）がありますが、配当利回りと配当性向は、**配当金に関連した投資指標で、インカムゲインによる収益を目的とする投資家が参考**にすることが多い指標です。

一方、PERとPBRは、**株価の割安性を比較する指標で、キャピタルゲインによる収益を目的とする投資家が参考**にすることが多い指標です。PERはその企業の純利益を基に、PBRはその企業の純資産を基に株価の割安性を比較します。いずれも同業他社やマーケット全体と比較して数値が小さいと「株価が割安」、数値が大きいと「株価が割高」と判断します。

ROEは、**自己資本（株主が投資した金額）を使って、その企業がどれだけ効率的に利益を上げているか**を見る指標です。一般的に、ROEの値が高いほうが投資家にとって魅力的と考えられます。

◎ 5つの代表的な投資指標

①配当利回り

株価（投資金額）に対してどのくらいの配当があるかを見る指標

$$配当利回り(\%) = \frac{年配当金}{株価} \times 100$$

配当利回りが高いほうが魅力的な銘柄と判断できる

②配当性向

企業が利益の何割を配当金として株主に還元しているかを見る指標

$$配当性向(\%) = \frac{年配当金}{1株当たり純利益} \times 100$$

③PER（株価収益率）

1株当たり利益を基に株価の割安性を比較する指標

$$PER(倍) = \frac{株価}{1株当たり純利益}$$

同業種の企業と比較して、PERが低い銘柄が割安、PERが高い銘柄は割高

【例】

	株価	1株当たり純利益	PER
A社株式	1,000円	50円	20倍
B社株式	600円	50円	12倍

A社よりもB社が割安なので、「B社のほうがオススメ銘柄」と判断できる

④PBR（株価純資産倍率）

1株当たり純資産を基に株価の割安性を見る指標

$$PBR(倍) = \frac{株価}{1株当たり純資産}$$

数値が小さいほうが割安と判断できる

⑤ROE（自己資本利益率）

自己資本（株主が投資した金額）を使ってどれだけ効率的に利益を上げているかを見る指標

$$ROE(\%) = \frac{当期純利益}{自己資本} \times 100$$

ROEが高いほど、利益効率がいいと判断できる

1 資金計画
2 リスク管理
3 金融資産運用
4 タックスプランニング
5 不動産
6 相続・事業承継

投資信託

リスクを抑える分散投資と専門家による運用が
投資信託の2大メリットです

投資信託（とうししんたく）とは、複数の投資家から小口の資金を集めて、投資の専門家であるファンドマネージャーが債券や株式、不動産などに分散投資をするしくみの金融商品です。投資によって得られた利益は投資家に分配・還元されます。

投資信託のメリットには、**複数の商品や銘柄に分散投資をすることでリスクを抑えられる**こと、専門家が運用するため運用益を得られやすいことなどがあります。

投資信託のしくみとディスクロージャー

◆ 投資信託のしくみ

投資信託には**契約型**と**会社型**があります。債券や株式で運用する投資信託は契約型です。一方、不動産で運用する投資信託は会社型です。契約型の投資信託では、販売会社、委託者、受託者がそれぞれ役割分担をすることで、投資信託というしくみをつくっています。

投資信託は、その投資対象の違いによって、**公社債投資信託**と**株式投資信託**に分類できます。また、購入時期の違いによって、**単位型（ユニット型）**と**追加型（オープン型）**に分けられます。

◆ 投資信託のコストとディスクロージャー（情報開示）

投資信託では、債券投資や株式投資にはないさまざまなコストがあります。購入時に支払う**購入時手数料**、保有している期間にわたって支払う**運用管理費用（信託報酬）**、換金時に支払う**信託財産留保額（しんたくざいさんりゅうほがく）**などです。

投資家に交付が義務付けられているディスクロージャー資料は、売買契約を締結する前に交付する**目論見書（もくろみしょ）**、決算時に交付する運用報告書などで、委託者が作成し、販売会社を通じて投資家に交付されますが、一定の要件のもと、電磁的方法による交付も認められています。

◎ 契約型投資信託のしくみ

投資家		販売会社		委託者	信託契約の締結	受託者

販売会社	委託者	受託者
証券会社 銀行など	投資信託 委託会社	信託銀行
投資信託の募集・ 販売	運用の指図、目論見書、 運用報告書の作成	資金の管理・ 保管

◎ 投資対象による分類

公社債投資信託	・約款上、株式を組み入れることができない投資信託 ・公社債を中心に運用する
株式投資信託	・約款上、株式を組み入れることができる投資信託 ・公社債を組み入れることもできる

◎ 購入時期による分類

現在は追加型の投資信託が主流です！

単位型 （ユニット型）	当初募集期間にのみ購入できる
追加型 （オープン型）	いつでも追加購入することができる

◎ 投資信託のディスクロージャー資料

目論見書は投資信託を購入する前に必ずチェック！

目論見書	・投資信託の運用方針、運用方法、諸手数料等が記載されている ・売買契約締結前に、投資家に必ず渡す必要がある
運用報告書	・決算時に作成して投資家に交付する ・決算期間中の運用実績、有価証券の組入れ状況、資産・負債の状況、費用の明細、今後の運用方針などが記載されている

ワンポイント

投資信託の基本用語をチェックしよう！

基準価額：投資信託の時価のことで、基準価額で売買する

個別元本：投資信託の取得額のことで、譲渡損益は個別元本を
　　　　　基に計算する

分配金：一定期間ごとに投資家に支払われる収益の一部のこと

1 資金計画
2 リスク管理
3 金融資産運用
4 タックスプランニング
5 不動産
6 相続・事業承継

投資信託の分類

◆ 主な追加型公社債投資信託

　主な追加型公社債投資信託に MRF があります。MRF は証券総合口座用の投資信託で、公社債を主として運用するため比較的リスクは低いですが、リターンも高くありません。また、元本は保証されていません。

◆ 投資信託の運用スタイルによる分類

　投資信託を運用スタイルで分類する場合、パッシブ運用とアクティブ運用に大別されます。パッシブ運用は **TOPIX などのベンチマークに連動することを目的**とする投資信託、アクティブ運用はファンドマネージャーなどが**積極的に運用を行い、ベンチマークを上回る運用成果を目指すことを目的**とする投資信託です。パッシブ運用よりもアクティブ運用の投資信託のほうが、手数料などのコストが割高です。

　アクティブ運用の投資信託には、運用手法によって、経済全体を分析して銘柄の配分を決めるトップダウン・アプローチ、企業分析によって銘柄を選択するボトムアップ・アプローチ、企業の成長性を重視するグロース運用、株価の割安な銘柄を選択して組み入れるバリュー運用があります。

◆ 証券取引所に上場している投資信託

❶ ETF（上場投資信託）

　日経平均株価や東証株価指数などの**指標に連動するようにつくられた投資信託**で、証券取引所に上場しているため、株価と同じように時価で成行注文・指値注文によって売買できます。

　最近では、業種別指標や金、プラチナなどの商品価格に連動した ETF も上場されています。

❷ J-REIT（ジェイリート）（上場不動産投資信託）

　投資家から集めた資金で、商業ビルなどの不動産を購入・運用する投資信託です。投資法人を設立して、上場したうえで運用を行う**会社型の投資信託**になります。不動産の家賃収入を中心に投資家に分配するため、それほどリスクは高くありません。

　株式と同じように、成行注文・指値注文によって時価で売買できます。

◎ 主な追加型公社債投資信託

MRF (マネー・リザーブ・ファンド)	・証券総合口座用の投資信託 ・いつでもペナルティなしで換金が可能 ・毎日決算を行い、分配金は月末にまとめて再投資する ・元本は保証されていないが、元本割れした場合は 　投資信託委託会社が補てんすることが可能

◎ 投資信託の運用スタイルによる分類

> ベンチマークとは、運用成績を評価する際の基準となる指標のこと

パッシブ運用		日経平均株価や東証株価指数などのベンチマークに連動することを目的とする投資信託
アクティブ運用		ベンチマークを上回る運用成果を目指す投資信託
	トップダウン・アプローチ	マクロ的な経済状況を分析し、国別・業種別の組入比率を決め、その範囲内で個別銘柄を組み入れる手法
	ボトムアップ・アプローチ	企業分析により個別銘柄を選択し、その積上げによってポートフォリオを構築する手法
	グロース運用	将来の成長性を重視して個別銘柄を選択する手法。一般的に PER や PBR が高い銘柄が多くなる
	バリュー運用	企業価値に比べて株価が割安な銘柄を組み入れる手法。PER や PBR などの指標で分析して割安な銘柄を組み入れる

> 投資信託の運用スタイルは試験に頻出です！

問題にチャレンジ！

問題　投資信託におけるパッシブ運用は、経済環境や金利動向などを踏まえ、ベンチマークを上回る運用成果の達成を目標とした運用手法である。○か×か？

解説　パッシブ運用は、ベンチマークと連動した値動きを目指す運用手法です。　　　　　　　　　　　　　　　　　　　　答え　×

1 資金計画

2 リスク管理

3 金融資産運用

4 タックスプランニング

5 不動産

6 相続・事業承継

外貨建て商品

円以外の通貨で運用するのが外貨建て商品で
為替レートの変動による元本割れリスクがあります

外貨建て商品とは、米ドルやユーロ、豪ドルなど、円以外の通貨（外貨）で運用する金融商品のことです。主なものには、**外貨預金、外国債券、外国株式、外貨建てMMF**などがあります。外貨建て商品の特徴は、為替レートの変動によって為替差益や為替差損が生じることです。

外貨建て商品と為替レートのしくみ

◆円貨と外貨を交換する為替レート

外貨建て商品を購入するために円貨を外貨に交換する際には、TTS（対顧客電信売相場）が適用されます。満期を迎えたり売却して外貨を円貨に交換する場合は、TTB（対顧客電信買相場）が適用されます。TTSとTTBはいずれもTTM（仲値）に為替手数料を加味して計算します。

◆外貨建て商品には為替リスクがある

為替レートはつねに変動しています。外貨建て商品の購入時と比較して、**為替レートが円安に推移すれば為替差益**を得ることができますが、**円高に推移すると為替差損**を被ってしまいます。外貨預金は円預金と同様に、その通貨での元本は保証されていますが、為替レートの変動によって、円貨で考えると元本割れしてしまうこともあります。

◎ **為替レート（円安・円高）の考え方**

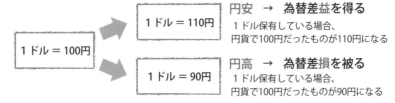

1ドル = 100円

1ドル = 110円

円安 → **為替差益を得る**
1ドル保有している場合、
円貨で100円だったものが110円になる

1ドル = 90円

円高 → **為替差損を被る**
1ドル保有している場合、
円貨で100円だったものが90円になる

主な外貨建て商品

外貨預金	外貨で行う預金
	・米ドルや豪ドル、ユーロ、ポンドなど、さまざまな通貨が取り扱われている
	・外貨普通預金はいつでも換金可能
	・外貨定期預金は原則として満期まで解約できない

外貨預金は、預金保険
制度の対象外です！

外国債券 — 発行主体、発行通貨、発行場所のいずれかが海外の債券

債券の種類	払込み	利払い	償還
円建て外国債券（サムライ債）	円貨	円貨	円貨
外貨建て外国債券（ショーグン債）	外貨	外貨	外貨
デュアル・カレンシー債	円貨	円貨	外貨
リバース・デュアル・カレンシー債	円貨	外貨	円貨

外国株式	外国の企業が発行する株式
	・外国取引：証券会社が顧客の注文を取り次いで、外国の証券会社に注文する
	・国内委託取引：国内の証券取引所に上場されている外国企業の株式を売買する
	・国内店頭取引：証券会社が保有する外国株式を購入する

外貨建てMMFは、
日本投資者保護基金の
補償の対象です

外貨建て MMF	外貨建ての公社債投資信託
	・外国の公社債で運用する
	・いつでもペナルティなしで換金することができる

問題にチャレンジ！

問題　外貨預金に預け入れるために、円貨を外貨に換える場合に適用される為替レートは、金融機関が提示する TTS である。○か×か？

解説　円貨を外貨に換える際に適用される為替レートは TTS です。

答え　○

1 資金計画
2 リスク管理
3 金融資産運用
4 タックスプランニング
5 不動産
6 相続・事業承継

08 ポートフォリオの考え方

複数の商品や銘柄に分散投資をすることで
効率的に運用ができます

　金融商品にはそれぞれ違った特性があり、複数の商品を組み合わせることで効率的に運用することができますし、値動きの異なる商品を組み合わせればリスクを低減することができます。

　保有する資産の分散・組み合わせのことをポートフォリオといいます。ポートフォリオ運用とは、**複数の銘柄に分散投資**をすること、アセット・アロケーションとは、預貯金や債券・株式、不動産といった複数の資産に分散投資をすることです。

　リスクは、一般的に「危険」と訳されることが多いですが、金融では「不確実性」のことをいい、**予想される利益や損失が実現される確率**といった意味になります。

金融商品の特性と効率的な運用

◆金融商品の3つの特性

　金融商品にはそれぞれ、換金性、安全性、収益性といった3つの特性があります。換金性の高い商品はいつでも現金化できる特徴があります。安全性の高い商品は元本や利子の支払いが保証されている商品です。収益性の高い商品は、大きな収益を上げる可能性があるのが特徴です。

◆相関係数とリスク低減効果

　たとえば、2つの証券を組み合わせて運用する場合、その証券同士が違う値動きをするほどポートフォリオのリスク低減効果は高くなります。逆に、まったく同じ値動きの商品を組み合わせても、リスク低減効果はありません。

　2つの証券の値動きの関係性を表した数値を相関係数といいます。相関係数は、－1から＋1の間の値を取り、**＋1から－1に近づくほどポートフォリオのリスク低減効果が高く**なります。

◎ ポートフォリオとアセット・アロケーション

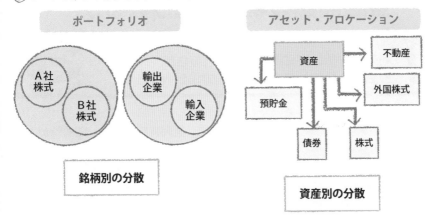

ポートフォリオ

A社株式
B社株式

銘柄別の分散

アセット・アロケーション

輸出企業
輸入企業

資産 → 不動産
資産 → 外国株式
預貯金
債券　株式

資産別の分散

◎ 相関係数とリスク低減効果

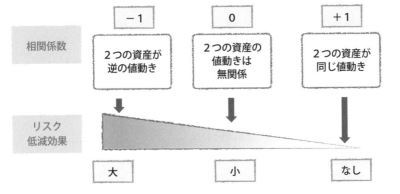

相関係数	−1	0	+1
	2つの資産が逆の値動き	2つの資産の値動きは無関係	2つの資産が同じ値動き
リスク低減効果	大	小	なし

📖 問題にチャレンジ！

問題　2資産で構成されるポートフォリオにおいて、2資産間の相関係数が−1である場合、ポートフォリオのリスク低減効果は最大となる。○か×か？

. . . .

解説　相関係数が−1の場合、2資産はまったく逆の値動きをするため、ポートフォリオのリスク低減効果は最大となります。

答え　○

1 資金計画
2 リスク管理
3 金融資産運用
4 タックスプランニング
5 不動産
6 相続・事業承継

09 金融商品の税金はどうなるか

利子の支払い時に源泉徴収されるなど
金融商品の収益の違いで課税方法が異なります

　金融商品から得られた収益には、所得税、復興特別所得税、住民税が課されます。金融商品によって所得の種類や徴収の方法が異なります。

金融商品ごとの課税方法の違いを押さえよう！

◆ 預貯金の利子にかかる税金

　預貯金の利子は利子所得となります。利子の支払い時に **20.315%（所得税 15%、復興特別所得税 0.315%、住民税 5%）が源泉徴収**されます。

◆ 債券にかかる税金

　利付債の利子は、利子所得として**支払い時に 20.315%が源泉徴収**されますが、**申告分離課税**（ほかの所得とは分離して税金を計算し、確定申告によって納税する方法）を選択することもできます。償還差益と譲渡益は譲渡所得として **20.315%の申告分離課税**となります。

◆ 株式にかかる税金

　株式の配当金は配当所得に該当します。配当金の支払い時に **20.315%が源泉徴収**されますが、確定申告することで総合課税（ほかの所得と合計して税金を計算する方法）や申告分離課税を選択することができます。

　株式の譲渡益は譲渡所得に該当し、**20.315%の申告分離課税**となりますが、特定口座（源泉徴収ありの場合）を利用すれば、証券会社が代わって徴収してくれるため、個人で確定申告をする必要はありません。

◆ 投資信託にかかる税金

　投資信託の収益には分配金と換金による利益の 2 つがあります。

　公社債投資信託の分配金は債券の利子と同じ税金が、株式投資信託の分配金は株式の配当と同じ税金がかかります。換金時の利益は、公社債投資信託も株式投資信託も譲渡所得として **20.315%の申告分離課税**です。

◎ 預貯金の利子にかかる税金

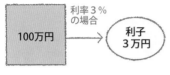

利子は利子所得に該当する

100万円 → 利子率3%の場合 → 利子3万円	所得税	15%
	復興特別所得税	0.315%
	住民税	5%

合計で20.315%
が源泉徴収される
（源泉分離課税）

◎ ほかの金融商品にかかる税金

商品	課税対象	税金の種類等
債券	利子	利子所得：20.315%の申告分離課税 支払い時に源泉徴収されるため、 確定申告しなくてもいい
	償還差益、譲渡益	譲渡所得：20.315%の申告分離課税
株式	配当	配当所得：20.315%の源泉徴収（確定申告不要） 確定申告で総合課税、申告分離課税の選択可
	譲渡益	譲渡所得：20.315%の申告分離課税
投資信託	分配金	【公社債投資信託】 利子所得：20.315%の申告分離課税 支払い時に源泉徴収されるため、 確定申告しなくてもいい 【株式投資信託】 配当所得：20.315%の源泉徴収（確定申告不要） 確定申告で総合課税、申告分離課税の選択可 投資元本の戻りに当たる元本払戻金は非課税
	償還差益、譲渡益	譲渡所得：20.315%の申告分離課税
外貨預金	利子	利子所得：20.315%の源泉分離課税
	為替差益	雑所得：総合課税

「申告分離課税」とは、
利益が出たら原則として、
確定申告が必要な方式です！

1 資金計画
2 リスク管理
3 金融資産運用
4 タックスプランニング
5 不動産
6 相続・事業承継

10 NISA（少額投資非課税制度）等

重要度 ★★★

投資にかかる配当・分配金・譲渡益が
非課税になります

NISA（少額投資非課税制度）は、**毎年一定の金額まで株式や株式投資信託などに非課税で投資できる制度**です。

財形貯蓄制度は、給与天引きで積立てをすることで、一定の金額まで非課税で貯蓄できる制度です。

NISAと財形貯蓄制度の要件

◆NISAは株式や株式投資信託が対象

NISA は、投資から得られる配当や分配金、譲渡益が非課税になる制度で、2024 年から拡充・恒久化されました。**年間 120 万円まで長期の分散・積立投資に適した公募株式投資信託・ETF（上場投資信託）を購入できるつみたて投資枠**と、**年間 240 万円まで上場株式、公募株式投資信託、ETF、J-REIT（上場不動産投資信託）を購入できる成長投資枠**の 2 つがあり、同じ年に両方の枠を利用することもできます。

生涯の投資枠は 1,800 万円ですが、保有商品を売却すれば翌年から枠の再利用が可能です。NISA を利用するには、あらかじめ金融機関で NISA 口座を開設する必要があります。NISA 口座は 1 人 1 口座しか開設できませんが、年ごとに金融機関の変更をすることが可能です。

◆財形貯蓄制度は給与天引きで積み立てる

財形貯蓄制度は、**給与所得者が利用できる給与天引きの非課税制度**です。

一般財形貯蓄は非課税ではありませんが、財形年金貯蓄、財形住宅貯蓄は元利合計で 550 万円まで非課税で預入れができます。

ただし、財形年金貯蓄は 60 歳以降の年金資金の積立て、財形住宅貯蓄は自己名義の住宅の購入やリフォームというように、積み立てた資金の用途が決められています。

◉ NISAのつみたて投資枠と成長投資枠

	つみたて投資枠	成長投資枠
対象者	1月1日現在で18歳以上の国内居住者	
対象商品	長期の分散・積立投資に適した一定の投資信託、ETF	上場株式、公募株式投資信託、ETF、J-REIT
年間投資枠	120万円	240万円
生涯非課税枠	1,800万円（枠の再利用が可能）	うち1,200万円まで
非課税期間	無期限	
その他	・1人1口座のみ ・2つの枠の併用可能（同一年に両方の枠を利用することで、年360万円まで投資できる）	

◉ 非課税の財形貯蓄制度

	財形年金貯蓄	財形住宅貯蓄
年齢	55歳未満	
貯蓄目的	60歳以降の年金の積立て	住宅の取得、増改築費用の積立て
積立期間	5年以上	
非課税限度額	<貯蓄型> 　元利合計550万円まで <保険型> 　払込保険料累計額385万円まで	<貯蓄型> 　元利合計550万円まで <保険型> 　払込保険料累計額550万円まで

財形貯蓄制度では、
要件を守って払出しをした場合のみ非課税となる

ワンポイント

NISAはFP3級の試験でも頻出！

非課税で投資ができる制度として注目されているNISAは、FP3級の試験でも頻出の項目です。つみたて投資枠、成長投資枠の年間の非課税限度額と対象商品をしっかり覚えましょう！

1 資金計画
2 リスク管理
3 金融資産運用
4 タックスプランニング
5 不動産
6 相続・事業承継

11 金融商品のセーフティネット

金融機関の破綻に備えて
私たちのお金を守る制度があります

　預貯金は金融機関が元本と利子の支払いを保証していますが、万が一、金融機関が破綻した場合はどうなるのでしょうか。そのような場合に備えて、顧客の資産を保護するためのセーフティネットがいくつかあります。

金融機関が破綻した場合のさまざまな保護制度

◆ 預金保険制度は銀行等の金融機関が対象

　預金保険制度は、日本国内の銀行、信託銀行等の金融機関が破綻した際のセーフティネットです。対象となる金融機関は、預金保険制度への加入が義務付けられています。

　預金保険制度による保護は、1人1金融機関当たり、**一般預金等は元本1,000万円までとその利息等、決済用預金は預入額にかかわらず全額**が保護されます。決済用預金とは、「**無利息、要求払い、決済サービスを提供できる」という3つの要件をすべて満たす預金**のことで、当座預金が代表ですが、個人が利用できる無利息の普通預金も決済用預金に該当します。

◆ 農水産業協同組合貯金保険制度

　農業協同組合（JA）、漁業協同組合などは預金保険制度の対象外ですが、農水産業協同組合貯金保険制度への加入が義務付けられており、破綻した際は、**預金保険制度と同様の保護**を受けることができます。

◆ 日本投資者保護基金は証券会社が対象

　国内で営業する証券会社は、**日本投資者保護基金**への加入が義務付けられています。証券会社は、顧客から預かった資産の分別管理が義務付けられていますが、破綻に際して顧客の資産が速やかに返還されない場合は、日本投資者保護基金によって、**一般顧客に限り1人当たり1,000万円まで補償**されます。

1 資金計画
2 リスク管理
3 金融資産運用
4 タックスプランニング
5 不動産
6 相続・事業承継

◎ 預金保険制度による保護の内容

預金等の種類		保護の内容
制度の対象預金	決済用預金	全額保護
	決済用預金以外の預金等	元本1,000万円までとその利息等を保護
制度の対象外の預金等		破綻金融機関の財産の状況に応じて支払われる

◎ 預金保険制度の保護の対象となる預金・ならない預金

保護の対象となる預金等	保護の対象とならない預金等
・預貯金 　（普通預金、通常貯金、貯蓄預金、通常貯蓄貯金、スーパー定期、定期貯金、定額貯金、大口定期預金、期日指定定期預金、変動金利定期預金など） ・元本補てん契約のある金銭信託 ・保護預かり専用の金融債	・外貨預金 ・元本補てん契約のない金銭信託（ヒットなど） ・金融債

【例】A銀行に以下の預金等がある場合

普通預金（決済用預金）	500万円
普通預金（決済用預金ではない）	300万円
定期預金	800万円
個人向け国債	100万円
外貨預金	100万円

A銀行が破綻！

・普通預金（決済用預金）⇒ 全額保護（500万円）
・普通預金（決済用預金ではない）と定期預金
　⇒ 合算して1,000万円まで保護
・個人向け国債と外貨預金 ⇒ 預金保険制度の対象外

合計で1,500万円（元本）とその利息が保護の対象となる

国内の金融機関で預け入れた場合でも、外貨預金は預金保険制度の対象外です！

問題にチャレンジ！

問題　預金保険制度の対象となる金融機関に預け入れた決済用預金は、預入金額にかかわらず、全額が保護の対象となる。〇か×か？

解説　決済用預金については、預入金額にかかわらず全額が預金保険制度による保護の対象となります。　　　　答え　〇

12 消費者保護の法律

金融商品などの取引上のトラブルから
消費者・投資家を守る法律があります

　金融に関連する法律には、**金融商品取引法**、**金融サービス提供法**、**消費者契約法**などがあります。それぞれの法律によって、金融商品にまつわるトラブルから消費者や投資家を保護するための規定が定められています。

消費者・投資家を保護するための法律

◆「金融商品取引法」は投資家保護が目的

　金融商品取引法は、証券取引法など関連する 80 本以上の法律を一本化したもので、金融商品取引業者が守るべきルールが定められています。主な内容には、**適合性の原則**、**契約締結前書面の交付義務**、**断定的判断の提供の禁止**、**広告の規制**などがあります。適合性の原則とは、「**顧客の知識、経験、財産の状況および契約を締結する目的に照らして不適切な勧誘を行ったり、投資者保護に欠けることのないようにしなくてはならない**」というものです。

◆「金融サービス提供法」と「消費者契約法」

　金融サービス提供法と消費者契約法は、消費者保護を目的として施行された法律です。

　金融サービス提供法は、金融商品の売買契約が対象で、金融商品販売業者等に対して**重要事項の説明義務**を定めています。この規定に違反した結果、投資家が損失を被った場合、金融商品販売業者等に対して**損害賠償を請求**することができます。

　消費者契約法は、消費者と事業者の間で交わされた幅広い契約が対象となります。事業者の不適切な勧誘で消費者が誤認・困惑して契約をした場合、**契約を取り消す**ことができます。過量な契約（通常の分量を著しく超えるもの）や消費者の経験不足や認知能力の低下を利用した契約も、取消しが可能です。取消しができる期間は追認できるときから 1 年間です。

金融商品取引法の主な内容

適合性の原則	顧客の知識、経験、財産の状況および金融商品契約を締結する目的に照らして不適切な勧誘を行わず、顧客が理解できるように重要事項を説明しなければならないという原則
契約締結前書面の交付義務	顧客が投資判断をするうえで必要な情報が記載されている「契約締結前書面」を契約前に渡さなければならない ※投資信託では、目論見書などが契約締結前書面となる

金融サービス提供法と消費者契約法

	金融サービス提供法	消費者契約法
適用範囲	金融商品の契約	消費者と事業者の間で交わされる契約全般
保護の対象	個人および事業者（プロを除く）	個人
法律が適用される場合	①重要事項の説明義務を果たさなかった場合 　・市場リスク、信用リスク、為替リスクなど、元本割れの恐れや有無 　・権利行使期間の制限 　・取引のしくみの重要な部分 ②断定的判断を提供した場合 ③適合性の原則に反した場合	①重要事項について誤認させた場合 ②過量な契約などをした場合 ③消費者の意思表示にもかかわらず困惑させる行為（不退去・監禁など）をした場合 ④消費者に一方的に不利益となる契約条項を結んだ場合 ⑤賠償請求を困難にする不明確な一部免責条項がある場合
法律の効果	損害賠償を請求できる	・上記の①～③の契約を取り消すことができる（取消権の行使は追認できるときから1年間） ・④、⑤の条項は無効になる

国内の商品先物取引や、ゴルフ会員権の売買は金融サービス提供法の対象外です！

ワンポイント

「金融ADR制度」とは？

金融ADR制度（裁判外紛争解決制度）とは、金融取引にまつわる金融機関とのトラブルを裁判によらずに解決する方法です。この制度では、利用者が指定紛争解決機関に申立てをすることで専門家が和解案を提示し、金融機関は、原則受け入れる必要があります。

1 資金計画
2 リスク管理
3 金融資産運用
4 タックスプランニング
5 不動産
6 相続・事業承継

実技試験にチャレンジ!!
～株式投資の相場指標

【問題】

下記<資料>に基づく SY 株式会社と SZ 株式会社の相場指標に関する次の記述のうち、最も不適切なものはどれか。

<資料>

【SY 株式会社と SZ 株式会社のデータ】

	SY 株式会社	SZ 株式会社
株価	800 円	450 円
1株当たり純利益	70 円	30 円
1株当たり純資産	550 円	400 円
1株当たり年配当金	18 円	16 円

1. 株価収益率（PER）で比較した場合、SZ 株式会社よりも SY 株式会社のほうが割安である。
2. 株価純資産倍率（PBR）で比較した場合、SZ 株式会社よりも SY 株式会社のほうが割安である。
3. 配当利回りは、SZ 株式会社のほうが SY 株式会社よりも高い。

解説と解答

SY 株式会社と SZ 株式会社の株価収益率（PER）、株価純資産倍率（PBR）、配当利回りをそれぞれ計算すると、以下のようになります（小数第 2 位以下四捨五入。計算式は 115 ページ参照）。

	SY 株式会社	SZ 株式会社
株価収益率（PER）	11.4 倍	15.0 倍
株価純資産倍率（PBR）	1.5 倍	1.1 倍
配当利回り	2.3%	3.6%

PER と PBR は、同業他社などと比較して数値が低いほうが株価が割安と判断できます。従って、PER では SY 株式会社のほうが、PBR では SZ 株式会社のほうが割安です。配当利回りで比較すると、SZ 株式会社のほうが SY 株式会社よりも高くなります。

【解答】　　　2

第 4 章

タックス
プランニング

「タックスプランニング」では、税金について、所得税を中心に学習します。所得税には決められた計算の手順があり、試験ではそうした計算問題の出題頻度が高くなっています。また、「所得」「所得控除」「税額控除」といった所得税の基本用語をきちんと理解することも重要です。そのほか、住民税、消費税なども学習します。

01 所得税のしくみ

所得税の計算手順である
5つのステップをしっかりと押さえましょう

　わが国の税金にはいろいろな種類がありますが、個人の所得に課されるのが所得税と住民税です。ここでは、まず所得税のしくみを見ていきましょう。

所得税の課税方式と計算の手順

　所得税は、国が徴収する国税（こくぜい）で、納税義務者（税を納める人）と担税者（たんぜいしゃ）（税を負担する人）が同じである直接税です。また、所得税は原則、納税者が自分で税額を計算して納付する申告納税方式です。

　ちなみに、住民税は地方公共団体が徴収する地方税で、所得税と同じ直接税ですが、課税主体が税額を計算して通知する賦課課税方式（ふかかぜいほうしき）となっています。

◆ 所得税の課税の基本原則

　所得税は、個人の収入から、その収入を得るためにかかった経費を差し引いた所得にかかる税金で、所得税の計算における基本原則は、次の3つからなっています。

❶個人単位課税：世帯ではなく、個人を単位として課税する
❷暦年単位課税（れきねんたんいかぜい）：1月1日から12月31日までの1年間の収入に課税する
❸応能負担の原則（おうのうふたん）：各人の税を負担する能力に応じて税額を計算する原則

◆ 所得税の計算の手順

　所得税の納付税額は、次の5つのステップで計算することができます。次項以降、各ステップについて詳しく解説していきます。

Step 1　収入を10種類の所得に分類し、経費を引いて所得の額を計算する
Step 2　損益通算等の後、各種所得を合計して課税標準を計算する
Step 3　課税標準から所得控除を引いて、課税所得金額を計算する
Step 4　課税所得金額に所得税率を掛けて、所得税額を計算する
Step 5　所得税額から税額控除を引いて、納付税額を計算する

所得税の計算の流れ

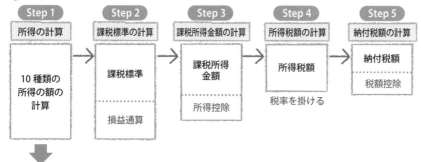

Step 1	Step 2	Step 3	Step 4	Step 5
所得の計算	課税標準の計算	課税所得金額の計算	所得税額の計算	納付税額の計算
10種類の所得の額の計算	課税標準	課税所得金額	所得税額	納付税額
	損益通算	所得控除	税率を掛ける	税額控除

「10種類の所得」は、課税標準を計算するにあたって、総合課税の所得と分離課税の所得に分けられる。

総合課税	総所得金額を算出したうえで税率を掛ける方法
分離課税	別個に税率を掛ける方法。分離課税には確定申告が必要な申告分離課税と、源泉徴収で納税が完結する源泉分離課税がある

所得税が非課税となるもの

> 障害年金、遺族年金は非課税で、老齢年金は課税対象です！

- NISA（少額投資非課税制度）、マル優制度の対象となる配当、分配金、譲渡益など
- 給与所得者の通勤手当（月15万円まで）、出張旅費
- 社会保険の給付金等（労災や雇用保険の給付金、障害給付、遺族給付）
- 身体の傷害、心身の損害に起因する保険金・給付金など
- 生活用動産の譲渡（ただし1個30万円のものまで）
- 宝くじの当せん金

ワンポイント

所得税は申告が必要だが、例外あり

所得税は申告納税方式であり、原則として収入があれば確定申告をしなければなりません。ただし、年間収入2,000万円以下の給与所得者は、会社で年末調整を行うため確定申告は不要です。また、20万円以下の所得は少額申告免除となっています。

1 資金計画
2 リスク管理
3 金融資産運用
4 タックスプランニング
5 不動産
6 相続・事業承継

Step 1 所得の計算

収入を得た方法により
10種類の所得に分類されます

所得税の計算の **Step 1** では、収入がどのように得られたかによって、10種類に分類し、その種類ごとに経費を差し引いて所得を計算します。

10種類の所得とその計算方法

1 利子所得

預貯金や債券などの利子です。預貯金の利子は、20.315%（所得税および復興特別所得税15.315%、住民税5%）の源泉分離課税で、利子の支払い時に源泉徴収され、納税が完結します。

2 配当所得

株式や株式投資信託の配当、分配金です。支払い時に20.315%が**源泉徴収**され、確定申告不要を選択できます。確定申告によって、**総合課税か申告分離課税を選択**することもできます。

3 不動産所得

土地や建物などの不動産の**賃貸による家賃・地代**などです。不動産を譲渡したことによる収入は不動産所得ではなく、譲渡所得に該当します。不動産所得は、収入金額から必要経費の額を差し引いて計算します。

4 事業所得

農業・漁業・製造業・卸売業・サービス業などの事業から生じる所得です。作家の原稿料なども事業所得に該当します。事業所得も、収入金額から必要経費の額を差し引いて計算します。

不動産所得や事業所得では、経費として**減価償却費**を差し引くことができます。減価償却とは、建物や備品、車両など長年にわたって使用する固定資産について、その固定資産を購入した年の経費にするのではなく、使用可能な年数に応じて、毎年経費として計上していくしくみです。

◎ 不動産所得（3）

計算式

不動産所得 ＝ 総収入金額 － 必要経費（－ 青色申告特別控除額）

不動産所得で認められる必要経費
専従者給与、従業員の給与、借入金利子、修繕費、損害保険料、減価償却費、固定資産税 など

青色申告特別控除額
青色申告の承認を受けている事業者の場合、最高65万円の青色申告特別控除額を差し引くことができる

不動産所得	〈不動産所得にならないもの〉
不動産（土地、建物）の貸付けによる所得 （地代・家賃、権利金、更新料、礼金、返還不要な敷金 など）	従業員に社宅を貸し付ける ──→事業所得 食事付きの下宿 ────────→事業所得または雑所得 管理責任をともなう有料駐車場→事業所得または雑所得 退去時に返還する敷金 ─────→預り金

◎ 事業所得（4）

計算式

事業所得 ＝ 総収入金額 － 必要経費（－ 青色申告特別控除額）

事業所得で認められる必要経費
収入に対する売上原価、専従者給与、従業員の給与、広告宣伝費、水道光熱費、借入金利子、損害保険料、減価償却費、固定資産税 など

事業所得	〈事業所得にならないもの〉
農業、漁業、製造業、卸売業、小売業、サービス業、その他の事業から生じる所得	友人に対する貸付金の利子 ──→雑所得 事業用資金の預金利子 ────→利子所得 事業用車両等の売却益 ────→譲渡所得

◎ 減価償却の考え方

定額法	定率法
毎年、同じ金額を費用として計上する	毎年、同じ率で費用として計上する
減価償却費 ＝ 取得価額 × 定額法の償却率 × $\dfrac{使用月数}{12\,カ月}$	減価償却費 ＝ 取得価額 × 定率法の償却率 × $\dfrac{使用月数}{12\,カ月}$

※1998年4月以降に取得した建物、2016年4月以降に取得した建物附属設備および構築物は定額法のみ適用

減価償却は、考え方がざっくりわかればOK！

1 資金計画
2 リスク管理
3 金融資産運用
4 タックスプランニング
5 不動産
6 相続・事業承継

⑤ 給与所得

会社員が**勤務先から受け取る給与や賞与**です。アルバイトやパートタイマーの給与も給与所得に該当します。給与所得は、受け取った収入の額から**給与所得控除額**を差し引いて計算します。

原則は確定申告が必要ですが、給与等の支払い時に会社が税金分を源泉徴収し、1年分を年末に精算することで確定申告は不要になります。これを年末調整といいます。

⑥ 退職所得

勤務先から退職金を受け取った場合の所得です。退職金は、長年勤務した対価として支払われるものであり、税制上、優遇されています。

退職金の額から、**退職所得控除額を差し引いたうえでその額を2分の1にした額**が退職所得です。退職所得は分離課税なので、ほかの総合課税の所得とは分けて、別個に課税されます。

⑦ 譲渡所得

土地・建物、有価証券、ゴルフ会員権、書画・骨董などの資産を譲渡したことによる所得です。**土地・建物、債券や株式などの有価証券を譲渡した場合は分離課税**ですが、その他の資産の譲渡は**総合課税**です。いずれも収入金額（売却金額）から取得費・譲渡費用を差し引いて所得の額を計算します。

⑧ 一時所得

営利を目的としない、そのときだけしかない所得のことで、**生命保険の満期保険金**、懸賞の賞金、競馬・競輪などの払戻金が該当します。

⑨ 雑所得

ほかの9つの所得に該当しない所得は雑所得に分類します。**公的年金等の老齢給付**、会社員などの副業収入、個人年金保険の年金、外貨預金の為替差益、作家以外の人の原稿料や講演料などが該当します。

⑩ 山林所得

山林（所有期間が5年を超えるもの）の伐採による売却、立木のままで売却することで得られる所得です。山林所得は分離課税です。

◎ 給与所得（**5**）

計算式　給与所得 ＝ 収入金額 － 給与所得控除額

年収が 2,000 万円超の
会社員は、確定申告が
必要です！

収入金額		給与所得控除額
	180 万円以下	収入 × 40% － 10万円（最低 55 万円）
180 万円超	360 万円以下	収入 × 30% ＋ 8 万円
360 万円超	660 万円以下	収入 × 20% ＋ 44 万円
660 万円超	850 万円以下	収入 × 10% ＋ 110 万円
850 万円超		195万円

◎ 退職所得（**6**）

計算式　退職所得 ＝（収入金額 － 退職所得控除額）× 1/2

勤続年数	退職所得控除額
20 年以下	40 万円 × 勤続年数（最低 80 万円）
20 年超	800 万円 ＋ 70 万円 ×（勤続年数 － 20 年）

勤続年数に 1 年未満の端数が
ある場合は 1 年に切り上げる

◎ 譲渡所得（総合課税）（**7**）

計算式　譲渡所得 ＝ 収入金額 －（取得費 ＋ 譲渡費用）－ 特別控除（最高50万円）

所得区分	内容
短期譲渡所得	取得日から譲渡した日までの期間が 5 年以内
長期譲渡所得	取得日から譲渡した日までの期間が 5 年超

※長期譲渡所得は、上記の式で計算した金額の 2 分の 1 を総所得金額に算入する

◎ 一時所得（**8**）

計算式　一時所得 ＝ 総収入金額 － 支出した金額 － 特別控除額（最高50万円）

※一時所得金額の 2 分の 1 の額を総所得金額に算入する

◎ 雑所得（**9**）

計算式　雑所得（公的年金等）　　＝ 収入金額 － 公的年金等控除額
　　　　　　雑所得（公的年金等以外）＝ 収入金額 － 必要経費

		公的年金の収入金額	公的年金等控除額	
			65 歳未満	65 歳以上
公的年金等の雑所得	・国民年金、厚生年金などの老齢給付 ・国民年金基金、厚生年金基金、確定拠出年金などの年金	130万円未満	60 万円	110 万円
		130万円以上　330万円未満		
公的年金等以外の雑所得	・会社員の副業収入 ・個人年金保険の年金 ・作家以外の人の原稿料 ・外貨預金の為替差益など	330万円以上　410万円未満	収入金額 × 25% ＋ 27.5万円	
		410万円以上　770万円未満	収入金額 × 15% ＋ 68.5万円	
		770万円以上 1,000万円未満	収入金額 × 5% ＋ 145.5万円	

1 資金計画

2 リスク管理

3 金融資産運用

4 タックスプランニング

5 不動産

6 相続・事業承継

03 Step2 課税標準の計算

10種類の所得をその種類と手順に従って
合計し、課税標準を計算します

　10種類の所得の額を算出したら、次の **Step 2** は、課税標準を計算します。課税標準とは、税額決定の算定基準となる所得の合計額です。135ページで先述した通り、10種類の所得には**総合課税の所得**と**分離課税の所得**があります。

　総合課税の所得は、すべてを合計して**総所得金額**を算出します。一方、分離課税の所得は別々に税額を計算します。

総合課税の所得と分離課税の所得

　総合課税の所得は、**利子所得、配当所得、不動産所得、事業所得、給与所得、一時所得、雑所得、譲渡所得（不動産、株式等以外）**です。一時所得と長期譲渡所得は、所得の額に2分の1を掛けた額を総所得金額に足します。

　分離課税の所得は、**退職所得、山林所得、譲渡所得（不動産、株式等）**です。分離課税の所得は、それぞれ別々に税額を計算します。

マイナスの所得を相殺できる損益通算

　なお、不動産所得、事業所得、山林所得、譲渡所得（総合課税）は、収入よりも経費が多くマイナスになった場合、ほかの所得のプラスと相殺することができます。これを**損益通算**といいます。

　損益通算で相殺することで、課税標準が少なくなり税額を減らす効果があります。ただし、損益通算の対象となる4つの所得でも、次の場合は損益通算することができません。

・不動産所得のマイナスのうち、土地の取得のための借入金の利子
・生活用動産（家具、自動車など）の譲渡による損失
・別荘、ゴルフ会員権など通常の生活に必要ない資産の譲渡による損失

◎ 課税標準の計算

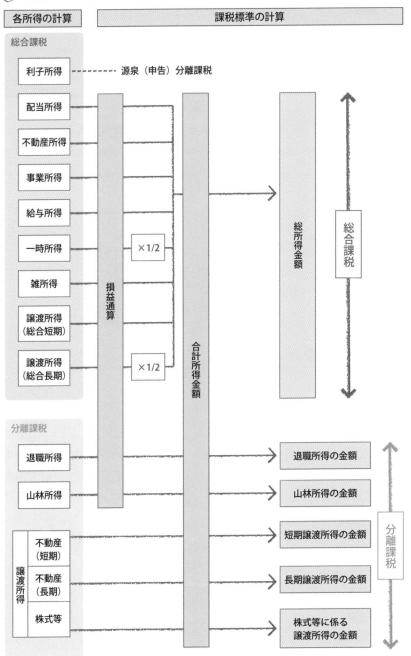

1 資金計画

2 リスク管理

3 金融資産運用

4 タックスプランニング

5 不動産

6 相続・事業承継

Step 3 課税所得金額の計算

課税標準から15種類の所得控除を差し引いて
課税所得金額を算出します

Step 3 では課税標準から**所得控除**を差し引いて**課税所得金額**を計算します。所得控除とは、納税者の個人的な事情や社会政策等を考慮して税負担を調整するもので、全部で15種類あり人的控除と物的控除に分けられます。

◎ 15種類の所得控除

人的控除	・基礎控除 ・配偶者控除 ・配偶者特別控除 ・扶養控除 ・**障害者控除** ・**寡婦控除** ・**ひとり親控除** ・勤労学生控除	物的控除	・医療費控除 ・社会保険料控除 ・**小規模企業共済等掛金控除** ・生命保険料控除 ・地震保険料控除 ・**寄附金控除** ・**雑損控除**

所得控除の内容

1 基礎控除

合計所得金額が2,400万円以下の場合、一律で**48万円**を控除できます。

2 配偶者控除

本人に**控除対象配偶者**（本人と生計を一にし、合計所得金額が**48万円以下の配偶者**）がある場合に控除できます。本人の合計所得が1,000万円を超えると適用を受けられません。

3 配偶者特別控除

配偶者控除の適用を受けられない場合、配偶者の合計所得が48万円超133万円以下などの要件を満たす場合に適用を受けることができます。本人の合計所得が1,000万円を超えると適用を受けられません。

4 扶養控除

本人に**扶養親族**（本人と生計を一にし、合計所得金額が48万円以下の親族等）がある場合に適用を受けられます。

◎ 配偶者控除と配偶者特別控除のイメージ

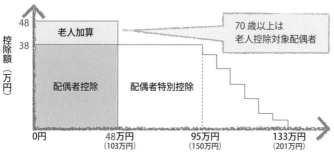

(納税者の合計所得が 900 万円以下の場合)

配偶者の所得 （カッコ内は配偶者の給与収入）

◎ 配偶者控除

納税者の合計所得	控除額	
	控除対象配偶者	老人控除対象配偶者
900 万円以下	38 万円	48 万円
900 万円超　950 万円以下	26 万円	32 万円
950 万円超　1,000 万円以下	13 万円	16 万円

配偶者特別控除は、配偶者の所得が増えるほど少なくなっていきます！

◎ 配偶者特別控除

配偶者の合計所得		控除額
48 万円超	95 万円以下	38 万円
95 万円超	100 万円以下	36 万円
100 万円超	105 万円以下	31 万円
105 万円超	110 万円以下	26 万円
110 万円超	115 万円以下	21 万円
115 万円超	120 万円以下	16 万円
120 万円超	125 万円以下	11 万円
125 万円超	130 万円以下	6 万円
130 万円超	133 万円以下	3 万円

※納税者の合計所得が900万円以下の場合

◎ 扶養控除

区分	控除限度額
一般扶養親族（16 歳以上 19 歳未満）	38 万円
特定扶養親族（19 歳以上 23 歳未満）	63 万円
一般扶養親族（23 歳以上 70 歳未満）	38 万円
老人扶養親族（70 歳以上）	48 万円
同居老親等（70歳以上）	58 万円

16 歳未満（年少扶養親族）は扶養控除の対象にならない

※扶養控除の年齢は、その年の 12 月 31 日時点で判定する
※青色事業専従者や事業専従者に該当する場合は、配偶者控除や扶養控除の適用は受けられない

1 資金計画

2 リスク管理

3 金融資産運用

4 タックスプランニング

5 不動産

6 相続・事業承継

5 障害者控除

本人が障害者、または控除対象配偶者や扶養親族が障害者のときに、控除を受けることができます。

6 寡婦控除　 7 ひとり親控除

本人が寡婦、またはひとり親である場合に控除できます。

8 勤労学生控除

本人が勤労学生である場合に控除できます。

9 医療費控除

本人または生計を一にする配偶者やそのほかの親族の医療費を支払った場合に控除できます。医療費控除の適用を受けるには**確定申告が必要**です。

10 社会保険料控除

本人または生計を一にする配偶者やそのほかの親族の社会保険料を支払った場合に**支払った額の全額**を控除できます。対象となるのは、健康保険、国民健康保険、厚生年金保険、国民年金、介護保険などの保険料です。

11 小規模企業共済等掛金控除

本人が、小規模企業共済や個人型確定拠出年金の掛金を支払ったときに、支払った額の全額が控除できます。

12 生命保険料控除

本人が、対象となる生命保険や個人年金保険、介護医療保険の保険料を支払った場合に控除できます。

13 地震保険料控除

本人が地震保険の保険料を支払った場合に控除できます。

14 寄附金控除

本人が、2,000 円を超える特定寄附金を支払った場合に控除できます。寄附金控除の適用を受けるには、確定申告が必要です。

15 雑損控除

雑損控除は、災害、盗難、横領などで資産に損害を受けた場合や、災害でやむを得ない支出をした場合に控除できます。雑損控除の適用を受けるには、確定申告が必要です。

医療費控除の対象と計算方法

医療費控除の対象となる医療費	対象とならない医療費
・医師または歯科医師による診療または治療の対価、入院費、通院費、先進医療の技術料 ・出産費用 ・治療や療養のための医薬品代 ・付添看護師による療養上の世話代 ・健康診断（人間ドック等）の費用 （重大な疾病が発見され引き続き治療を行う場合のみ）	・美容整形費用 ・健康増進や疾病予防のための医薬品購入費 ・健康診断の費用

健康保険の「出産育児一時金」を受け取った場合も、その額を差し引く

医療費控除の控除額（最高 200 万円）

$$= \boxed{\text{医療費の支出額 - 保険金等で補てんされる金額}} - \boxed{\begin{array}{c}\text{10万円または総所得金額×5\%}\\\text{のいずれか少ない金額}\end{array}}$$

※ 生計が同一の配偶者やその他の親族の医療費を支払った場合も適用を受けることができる
※ その年に実際に支払った額が対象となり、未払いの医療費は支出額に含めることができない
※ 医療費控除の特例であるセルフメディケーション税制では、対象となる医薬品を薬局等で購入した場合、購入額から12,000円を控除した額の所得控除が受けられる（最高88,000円）

生命保険料控除（2012 年以降に契約した場合）

支払った保険料	控除額
20,000 円以下	支払った保険料の全額
20,000 円超　40,000 円以下	支払った保険料の金額 × 1/2 ＋ 10,000 円
40,000 円超　80,000 円以下	支払った保険料の金額 × 1/4 ＋ 20,000 円
80,000 円超	一律40,000 円

※生命保険料控除には、一般の生命保険料控除、個人年金保険料控除、介護医療保険料控除の３種類があり、別々に控除を受けることができる。それぞれ最高で 40,000 円が控除できるので、合計で年間120,000 円まで控除することが可能

地震保険料控除

	所得税	住民税
控除限度額	保険料の全額 （最高50,000 円）	保険料の2分の1 （最高25,000円）

1 資金計画

2 リスク管理

3 金融資産運用

4 タックスプランニング

5 不動産

6 相続・事業承継

05 Step 4 所得税額の計算

重要度 ★★☆

課税所得金額に税率を掛けると
所得税額が計算できます

Step 4 では、課税所得金額に税率を掛けて所得税額を算出します。その際、**総所得金額**（140 ページ）、**退職所得は超過累進税率によって税額を計算**します。**分離課税の所得は別個に計算**しますが、分離短期譲渡所得、分離長期譲渡所得（いずれも不動産を譲渡した場合）、株式等に係る譲渡所得は、それぞれ税率が異なります。

◎ 所得税の税率（超過累進税率）

課税所得金額	税率	控除額
195 万円未満	5%	−
195 万円以上　330 万円未満	10%	97,500 円
330 万円以上　695 万円未満	20%	427,500 円
695 万円以上　900 万円未満	23%	636,000 円
900 万円以上　1,800 万円未満	33%	1,536,000 円
1,800 万円以上　4,000 万円未満	40%	2,796,000 円
4,000 万円以上	45%	4,796,000 円

所得税では、所得が多くなると、税率が高くなる「超過累進税率」が用いられます

復興特別所得税の概要

東日本大震災の復興財源に充てるため、復興特別所得税（ふっこうとくべつしょとくぜい）がつくられました。復興特別所得税は 2013 年から 25 年間にわたって、所得税の 2.1％の税額を上乗せして徴収します。

復興特別所得税額 ＝ 所得税額 × 2.1%

【例】所得税 15％、住民税 5 ％、合計 20％の税率の場合
　復興特別所得税 ＝ 所得税 15％ × 2.1％ ＝ 0.315％
　　→所得税 ＋ 復興特別所得税 ＋ 住民税 ＝ 20.315％

◎ 所得税額の計算

【総所得金額に対する税額】

計算式

課税総所得金額	× 税率（超過累進税率）

【例】課税総所得金額が 300 万円の場合
300 万円 × 10% − 9 万 7,500 円 = 20 万 2,500 円

【退職所得に対する税額】

計算式

課税退職所得金額	× 税率（超過累進税率）

【例】退職所得金額が 150 万円の場合
150 万円 × 5% = 7 万 5,000 円

【課税短期譲渡所得に対する税額】

計算式

課税短期譲渡所得金額	× 30%

課税短期譲渡所得の税率は、
所得税 30%、住民税 9%、合計で 39%

【課税長期譲渡所得に対する税額】

計算式

課税長期譲渡所得金額	× 15%

課税長期譲渡所得の税率は、
所得税 15%、住民税 5%、合計で 20%

【株式等に係る課税譲渡所得に対する税額】

計算式

株式等に係る課税譲渡所得金額	× 15%

株式等に係る課税譲渡所得の税率は、
所得税 15%、住民税 5%、合計で 20%

📖 問題にチャレンジ！

問題　土地・建物の譲渡にかかる所得については、譲渡した日の属する年の 1 月 1 日までの所有期間が 5 年超の場合、長期譲渡所得に分類される。○か×か？

解説　不動産を譲渡した場合、1 月 1 日現在の所有期間で長期・短期を分類し、5 年を超える場合は長期譲渡所得に分類されます。

答え　○

1 資金計画
2 リスク管理
3 金融資産運用
4 タックスプランニング
5 不動産
6 相続・事業承継

Step 5 納付税額の計算

所得税額から税額控除を差し引いた額が
実際に納める税金の額となります

Step 5 として、所得税額からさらに差し引くことができるのが**税額控除**です。代表的な税額控除には、**配当控除、住宅借入金等特別控除**などがあります。所得税額から税額控除の額を引いた金額が、その人が納める所得税の額（**納付税額**）になります。

配当控除と住宅借入金等特別控除の内容

❶配当控除

国内の法人から配当を受け取った場合、配当控除の適用を受けることができます。配当は、支払い時に 20.315％の税率で源泉徴収され、確定申告をすることにより総合課税、申告分離課税が選択できますが、配当控除の適用を受けられるのは**総合課税を選択した場合のみ**です。

上場株式の配当控除の額は、課税総所得金額が 1,000 万円以下の部分は配当所得の 10％、1,000 万円超の部分は配当所得の 5％です。

❷住宅借入金等特別控除（住宅ローン控除）

住宅ローンを利用して住宅を購入したり、一定の増改築を行ったりした場合、**住宅ローンの年末残高の 0.7％を税額控除**することができます。これを**住宅借入金等特別控除（住宅ローン控除）**といいます。適用期間は、新築住宅の場合、**13 年**ですが、中古住宅の場合は 10 年です。

住宅ローン控除の適用を受けるには、住宅の取得者、住宅などに一定の要件があり、適用を受ける最初の年は、必要な書類を取りそろえて自分で確定申告をする必要があります。

また、一般住宅と認定住宅（認定長期優良住宅、認定低炭素住宅）では、対象となる住宅ローンの限度額が異なり、これ以外にゼロ・エネルギー・ハウス（ZEH）や省エネ基準適合住宅も適用を受けることができます。

配当控除の計算

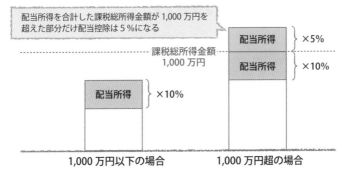

配当所得を合計した課税総所得金額が 1,000 万円を超えた部分だけ配当控除は 5 ％になる

課税総所得金額 1,000 万円

配当所得 ×5%
配当所得 ×10%

配当所得 ×10%

1,000 万円以下の場合　　　1,000 万円超の場合

住宅ローン控除の適用要件

取得者の要件	・取得の日から 6 カ月以内に入居し、適用を受ける年の年末時点で引き続き居住していること ・適用を受ける年の合計所得が 2,000 万円以下
住宅の要件	・新築および中古住宅の購入の場合、床面積が 50 ㎡以上で、その家屋の 2 分の 1 以上が居住用であること ・増改築の場合、増改築後の床面積が 50 ㎡以上で、その家屋の 2 分の 1 以上が居住用であること。また、工事費用が 100 万円を超えること
その他の要件	・返済期間が 10 年以上の住宅ローンを利用すること ・所得税から控除しきれない額は、住民税からも控除できる（上限あり）

マイホーム購入時は、住宅ローン控除が適用されると、税金の還付が可能です！

住宅ローン控除の控除率・控除期間 (新築の場合)

居住年	住宅ローンの年末残高の限度額		控除率	控除期間
	一般住宅	認定住宅		
2024年 1 月〜 2025 年 12 月末	0 円※	4,500 万円	0.7%	13 年間

※2023年までに新築の建築確認をした場合は2,000万円（控除期間10年）

📖✏️ **ワンポイント**

住宅ローン控除の対象となる住宅の種類は？

2022年度税制改正で、住宅ローン控除の対象となる住宅に ZEH（ゼッチ）水準省エネ住宅、省エネ基準適合住宅が追加されました。認定住宅より控除額の上限は少ないですが、より環境に配慮した改正といえます。

1 資金計画
2 リスク管理
3 金融資産運用
4 タックスプランニング
5 不動産
6 相続・事業承継

07 源泉徴収票の見方

源泉徴収票を使って
所得税の計算手順を再確認しましょう

　会社員などの給与所得者の場合、所得税と住民税は給与から源泉徴収されます。所得税では、税額表に基づいて毎月の源泉徴収税額を計算しますが、年末の給与支払い時には1年間の収入を基に所得税を計算します。

　源泉徴収された所得税額のほうが多い場合は、年末調整時に還付を受けることができます。この手続きを**年末調整**といいます。年末調整の結果を記したものが**源泉徴収票**です。ここでは、源泉徴収票に従って、所得税の計算手順を再確認していきましょう。

〔源泉徴収票の見方〕

❶1年間の給与・賞与の合計額：700万円

❷給与所得の額：520万円

　給与所得 ＝ 給与収入 － 給与所得控除額

　　　　　　　　　　（給与所得控除額：700万円 × 10％ ＋ 110万円 ＝ 180万円）

　　　　　 ＝ 700万円 － 180万円 ＝ 520万円

❸所得控除の額：280万円

❹配偶者控除の額：38万円

❺❻扶養控除の額：❺特定扶養親族：63万円

　　　　　　　　　 ❻一般扶養親族：38万円

❼社会保険料控除の額：89万円

❽生命保険料控除の額：4万円

●基礎控除の額：48万円

❾所得税額：14万2,500円

　所得税額 ＝ 課税総所得金額 × 税率 － 控除額

　　　　　　　（課税総所得金額 ＝ 給与所得 － 所得控除：520万円 － 280万円 ＝ 240万円）

　　　　　 ＝ 240万円 × 10％ － 9万7,500円 ＝ 14万2,500円

給与所得の源泉徴収票

1 資金計画
2 リスク管理
3 金融資産運用
4 タックスプランニング
5 不動産
6 相続・事業承継

令和6年分　　**給与所得の源泉徴収票**

支払を受ける者	住所又は居所	東京都千代田区XXX	

（受給者番号）		
（個人番号）	XXXXXXXXXXXX	
（役職名）		
氏名	（フリガナ） ○○　太郎	

種　別	❶支払金額	❷給与所得控除後の金額（調整控除後）	❸所得控除の額の合計額	❾源泉徴収税額
給与・賞与	内　7,000,000	5,200,000	2,800,000	142,500

（源泉）控除対象配偶者の有無等		配偶者（特別）控除の額	控除対象扶養親族の数（配偶者を除く。）							16歳未満扶養親族の数	障害者の数（本人を除く。）		非居住者である親族の数
❹有 従有	老人		特定		老人		その他				特別	その他	
○			❺内 1 従人		内 人 従人		❻内 1 従人		内 人		内 人	人	内 人

❼社会保険料等の金額	❽生命保険料の控除額	地震保険料の控除額	住宅借入金等特別控除の額
内　890,000	40,000	円	円

（摘要）

生命保険料の金額の内訳	新生命保険料の金額	100,000	旧生命保険料の金額	円	介護医療保険料の金額	円	新個人年金保険料の金額	円	旧個人年金保険料の金額	円
住宅借入金等特別控除の額の内訳	住宅借入金等特別控除適用数	円	居住開始年月日（1回目）	年 月 日	住宅借入金等特別控除区分(1回目)		住宅借入金等年末残高(1回目)	円		
	住宅借入金等特別控除可能額	円	居住開始年月日（2回目）	年 月 日	住宅借入金等特別控除区分(2回目)		住宅借入金等年末残高(2回目)	円		

（源泉・特別）控除対象配偶者	（フリガナ）氏名	○○　花子	区分	配偶者の合計所得	0	国民年金保険料等の金額	円	旧長期損害保険料の金額	円
	個人番号					基礎控除の額	円	所得金額調整控除額	円

控除対象扶養親族	1	（フリガナ）氏名	○○　美咲	区分	16歳未満の扶養親族	1	（フリガナ）氏名		区分	（備考）
		個人番号					個人番号			
	2	（フリガナ）氏名	○○　航太	区分		2	（フリガナ）氏名		区分	
		個人番号					個人番号			
	3	（フリガナ）氏名		区分		3	（フリガナ）氏名		区分	
		個人番号					個人番号			
	4	（フリガナ）氏名		区分		4	（フリガナ）氏名		区分	
		個人番号					個人番号			

未成年者	外国人	死亡退職	災害者	乙欄	本人が障害者		寡婦	ひとり親	勤労学生	中途就・退職				受給者生年月日			
					特別	その他				就職 退職 年 月 日				元号	年	月	日
														昭和	43	5	10

支払者	個人番号又は法人番号		（右詰で記載してください。）
	住所（居所）又は所在地	東京都千代田区XXX	
	氏名又は名称	○○株式会社	（電話）

整理欄		

（税務署提出用）

源泉徴収票を見て、所得税の
計算手順を復習してみましょう！

08 所得税の申告と納付

事業所得や不動産所得などは
確定申告が義務付けられています

　一定の給与所得者は、毎月の給与から税金が源泉徴収され、年末調整で1年分の税金を計算したうえで、過不足を調整します。

　事業所得や不動産所得がある人などは、自分で所得と税額を計算し、確定申告をします。

確定申告が必要な人と申告の期間

◆ 確定申告

　所得税は、納税者が1年分の所得と税額を計算し、申告・納税を行う**申告納税方式**となっています。これを**確定申告**といいます。確定申告の時期は翌年の**2月16日**から**3月15日**までで、所得税の納付期限も**3月15日**までとなっています。

　給与所得者でも、**給与収入が2,000万円を超える人や給与所得・退職所得以外の所得が20万円超ある人**などは確定申告を行う必要があります。

　源泉徴収された額が多い場合など、確定（還付）申告で所得税が還付されることもあります。

◆ 源泉徴収制度

　給与等の支払いをする人が、支払いの際に所得税を差し引き、それを原則、翌月10日までに納税する制度です。給与のほかにも公的年金（老齢給付）や預貯金の利子、株式の配当などが源泉徴収の対象になります。

◆ 青色申告

　青色申告制度は、**不動産所得、事業所得、山林所得がある人が利用できる制度**で、正規の簿記に基づいて取引を記帳し申告をするなどの要件のもと、**青色申告特別控除**や**青色事業専従者給与**などの税制上の優遇を受けることができます。

◎ 給与所得者で確定申告が必要な人

- その年の給与が 2,000 万円を超える場合
- 給与所得、退職所得以外に 20 万円超の所得がある場合
- 2 カ所以上から給与を受け取っている場合
- 住宅借入金等特別控除の適用を初めて受ける場合
- 雑損控除、医療費控除、寄附金控除の適用を受ける場合
- 配当控除の適用を受ける場合

◎ 青色申告の要件

青色申告ではない一般の申告を「白色申告」といいます

- 不動産所得、事業所得、山林所得があること
- 「青色申告承認申請書」を税務署に提出し承認を受けること
  → 承認の期限はその年の 3 月 15 日まで。ただし 1 月 16 日以降に事業を開始した場合は開始から 2 カ月以内
- 一定の帳簿を備えてすべての取引を記帳し、保存（7 年間）すること

◎ 青色申告の特典

青色申告 特別控除	・不動産所得（事業的規模）※、事業所得：55 万円 （ただし、e-Tax の場合は 65 万円） ・不動産所得（事業的規模以外）、山林所得：10 万円
純損失の 繰越控除	・純損失の金額を、翌年以降 3 年間にわたって繰越控除できる
青色事業 専従者給与	・青色申告者の親族がその事業に従事している場合、一定の要件を満たせば、その親族に支払った給与を必要経費に算入することができる ＜親族の要件＞ 　・年齢が 15 歳以上の生計を一にする親族 　・もっぱら（6 カ月以上）その事業に従事すること 　・給与の額が労務の対価として相当であること

白色申告の場合は、親族に支払った給与の額にかかわらず、定額（配偶者：86 万円、それ以外 50 万円）の控除がある

※不動産所得が事業的規模かどうかの判定は 5 棟10室基準で行う

📖 問題にチャレンジ！

問題　不動産所得、事業所得または山林所得を生ずべき業務を行う者は、納税地の税務署長の承認を受けて青色申告書を提出することができる。〇か×か？

解説　青色申告の申請ができるのは、不動産所得、事業所得、山林所得がある人です。ただし、納税地の税務署長の承認を受ける必要があります。　　　　　　　　　　　　　　　　　答え　〇

1 資金計画
2 リスク管理
3 金融資産運用
4 タックスプランニング
5 不動産
6 相続・事業承継

09 個人住民税・消費税

個人住民税は地方税であり、
1月1日現在で居住する市町村に納付します

　個人住民税は**居住する地方自治体に納付する地方税**で、道府県民税（東京都は都民税）と市町村民税（東京都は特別区民税）に分かれます。個人住民税の特徴として前年の所得を基に課税される**前年課税方式**が挙げられます。

◆ **個人住民税の税額の区分**

　個人住民税には、一定基準以上の所得がある人に均等に課税される「均等割」と、所得に一律10％の税率を掛けて税額を計算する「所得割」の2つがあります。

◆ **個人住民税の申告・納付**

　個人住民税の所得割の計算は、個人の所得を基に所得税と同様の手順で計算します。なお、住民税にも所得控除はありますが、所得税とは控除できる額が異なります。

　所得税は申告納税方式（152ページ）ですが、個人住民税は賦課課税方式（国や地方自治体が税額を計算し通知する方法）が採用されており、市町村が税額を計算します。**納税地は1月1日現在の住所地の市町村**で、納税の方法には**普通徴収と特別徴収**の2つがあります。

消費税は消費に対して幅広く課税される

　消費税は、国内における商品やサービスの消費に対して広く課税される税金です。課税対象は事業主が対価を得て行う資産の譲渡などで、税率は10％であり、国税である消費税と地方消費税からなっています。

　消費税の納税義務者は**国内で商品の売買やサービスの提供を行う事業者**で、担税者（実際に消費税を負担する人）は**商品などを購入する消費者**です。納税者である事業者は、基準期間（個人の場合前々年）の課税売上高が1,000万円以下の場合、免税事業者となります。

個人住民税の所得控除

	個人住民税	所得税
基礎控除	最高 43 万円	最高 48 万円
配偶者控除	33 万円	38 万円
配偶者特別控除	最高 33 万円（本人の合計所得が900 万円以下の場合）	最高 38 万円（本人の合計所得が900 万円以下の場合）
扶養控除	一般扶養親族：33 万円 特定扶養親族：45 万円 老人扶養親族：38 万円 同居老親等　：45 万円	一般扶養親族：38 万円 特定扶養親族：63 万円 老人扶養親族：48 万円 同居老親等　：58 万円

個人住民税の徴収方法

普通徴収	送付される納税通知書に基づいて、原則、年 4 回に分けて納付する
特別徴収	給与所得者は、会社が毎月の給与支払い時に住民税を天引きし、本人に代わって納付する

会社員は、原則として、特別徴収で納付します

消費税が非課税となる主な取引

消費税が非課税となる主な取引

・土地の譲渡・貸付け
・住宅の貸付け
・社会保険料など
・利子、保険料など

消費税率 10%

‖

消費税率 7.8% ＋ 地方消費税率 2.2%

📖✒️ ワンポイント

個人住民税はどの市町村に納める？

個人住民税は、1 月 1 日現在で住所のある市町村に納めることになっています。そのため、年の途中で別の市町村に引っ越しをした場合でも、転居前の市町村に住民税を納めることになります。

1 資金計画
2 リスク管理
3 金融資産運用
4 タックスプランニング
5 不動産
6 相続・事業承継

実技試験にチャレンジ!!
〜医療費控除の金額

【問題】

会社員の福島さんが 2024 年中に支払った医療費等が下記の＜資料＞の通りである場合、福島さんの 2024 年分の医療費控除の金額として、正しいものはどれか。なお、福島さんの給与所得は 500 万円で、妻は福島さんと生計を一にしているものとする。

＜資料＞

支払年月	医療を受けた人	内容	支払金額
2024 年 2 月	本人	人間ドック代 ※1	70,000 円
2024 年 3 月	本人	入院費用 ※2	200,000 円
2024 年 8 月	妻	健康増進のビタミン剤の購入	20,000 円

※1 人間ドックの結果、重大な疾病が発見され引き続き治療のため入院した
※2 保険金により補てんされた金額はないものとする

1. 100,000 円
2. 170,000 円
3. 190,000 円

解説と解答

医療費控除の金額は、その年に支払った医療費の合計額から 10 万円を引いた金額（総所得金額等が 200 万円以上の場合）です。

◆人間ドックの費用は医療費控除の対象外ですが、人間ドックの結果、重大な疾病が発見され、引き続き治療を行った場合は医療費控除の対象となります。
◆生計が同一の配偶者の医療費は、納税者本人の医療費控除の対象ですが、健康増進のためのビタミン剤等の購入費用は対象外です。

従って、福島さんの医療費控除の対象となる医療費は 270,000 円で、10 万円を引いた 170,000 円が福島さんの医療費控除の金額となります。

【解答】　　　2

第 **5** 章

不動産

土地や建物といった不動産に関する知識があれば、マイホームの購入や住居・事務所を賃貸したりする際のトラブルを防ぐことができます。「不動産」の科目では、土地の区分や登記の考え方だけでなく、借地借家法、都市計画法、建築基準法といった法律も学習します。また、不動産にまつわる税金についても理解しましょう。

01 不動産のしくみ

宅地の4つの類型と
土地価格の5種類を理解しましょう

　土地や建物のことを**不動産**といいます。日本では、**土地と建物は別個の不動産**とみなされ、土地だけを売買したり、建物だけを賃貸したりすることも可能です。**不動産登記**（ふどうさんとうき）も土地と建物は別々に行います。

宅地の類型と価格の種類

◆ 宅地の4つの類型

　宅地とは、**建物の敷地になっている土地**、または**建物を建てるための土地**（たくち）で、①更地、②建付地、③借地権、④底地の4つに分類することができます。

❶更地（さらち）：建物が建っておらず、所有者が自由に使用できる土地

❷建付地（たてつけち）：建物の敷地になっている土地で、建物と敷地の所有者が同じであり、所有者によって使用されている土地

❸借地権（しゃくちけん）：建物の所有を目的として、土地を借りる権利

❹底地（そこち）：借地権の設定がされている土地の所有権

◆ 土地価格の5種類

　土地の価格には、**実勢価格、公示価格、基準値標準価格、相続税評価額（路線価）、固定資産税評価額**の5つの種類があります。

　このうち実勢価格は、実際に売買を行う際の価格や、その周辺の土地の売買事例から推定される価格であり、一方、その他の4つの価格はそれぞれの目的によって値段が付けられ公表されます。

　個々の不動産の鑑定評価は不動産鑑定士が行います。鑑定評価の手法として、不動産を新しく買った場合の価格から現在の価格を決める**原価法**、その不動産が生み出す将来の収益の予想を基に価格を判断する**収益還元法**、周辺の似ている物件の取引価格を参考にする**取引事例比較法**などがあり、それらの手法から総合的な判断で不動産価格を算定します。

宅地の4つの類型

❶更地 建物が建っていないそのままの土地

❷建付地 建物と敷地になっている土地の所有者が同じ

> 建物の所有者：Aさん
> 土地の所有者：Aさん

❸借地権 建物の所有を目的として土地を借りる権利

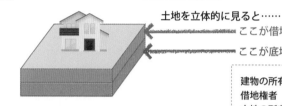

土地を立体的に見ると……
ここが借地権
ここが底地

> 建物の所有者：Bさん
> 借地権者　　：Bさん
> 土地の所有者：Aさん

❹底地 借地権の設定のある土地の所有権

土地の価格

	公示価格	基準値標準価格	相続税評価額 （路線価）	固定資産税評価額
価格の内容	・一般の土地の取引価格の指標となる ・公共事業用地の取得価格算定の基準となる	・公示価格の補完として一般の土地の取引価格の指標となる	・相続税、贈与税を計算する際の基礎となる	・固定資産税、都市計画税などの税金を計算する際の基礎となる
公表機関	国土交通省	都道府県	国税局	市町村 （東京23区は東京都）
基準日	毎年1月1日	毎年7月1日	毎年1月1日	1月1日 （3年に1度評価替え）
評価割合	100%	100%	80%	70%

※評価割合とは、公示価格を100とした場合の価格の水準の目安をいう

> それぞれの公表機関や
> 評価割合を押さえましょう！

1 資金計画
2 リスク管理
3 金融資産運用
4 タックスプランニング
5 不動産
6 相続・事業承継

02 不動産登記

土地や建物を取得したら不動産登記を行うことで
その権利を第三者に主張できます

　不動産を取得したら**不動産登記**をする必要があります。不動産登記とは、地番や構造、床面積などの不動産の物理的な概要や、所有者などの権利関係を**不動産登記記録（登記簿）に記載し公示**することをいいます。

不動産登記の種類とその効力

◆ 不動産登記の種類

　不動産登記には**表示に関する登記**と**権利に関する登記**があります。

　表示に関する登記は、土地・建物などの所在地、地番、家屋番号、地積（土地の面積のこと）、床面積などが記載されます。権利に関する登記は、不動産の所有権、地上権、抵当権などが記載されます。

　建物を新築したときは、1カ月以内に表示に関する登記をすることが義務付けられています。一方、権利に関する登記は義務ではないため、実際の所有者と登記簿上の所有者が異なることもあります。登記の申請をする際に書類が整わない場合は、本登記の順番を保全するために**仮登記**をすることができます。なお、2024年4月から相続登記は義務化されました。

◆ 不動産登記の効力

　登記をすることで、**不動産に対する自己の権利を第三者に主張**することができます。これが不動産登記の**対抗力**です。

　ただし、不動産登記は、登記所の登記官が登記簿に必要事項を記載することで行われるため、**不動産登記には公信力（登記上の内容を信じて無権利者と取引をした人が保護される権利）がありません。**

　そのため、不動産取引をする際は、あらかじめ登記簿を確認することも重要ですが、それ以外に、過去の売買契約書なども確認して登記簿上の権利者が本当の権利者かどうかを調査する必要があります。

◎ 不動産登記簿の構成

表題部（表示に関する登記）

土地や建物の表示に関する事項が記載されている

土地：所在、地番、地目、地積
建物：所在、家屋番号、種類、構造、床面積 など

権利部（権利に関する登記）

土地や建物の権利に関する事項が記載され、甲区と乙区がある

| 甲区 | 所有権に関する事項が記載されている |
| 乙区 | 所有権以外の権利（抵当権など）に関する事項が記載されている |

登記簿は、登記所に申請し
手数料を納付すれば、誰でも
閲覧することが可能です！

◎ 登記の種類

所有権保存登記	建物を新築したり、新築のマンションや家を購入した場合に行う所有権の最初の登記
所有権移転登記	不動産の売買や相続などで所有権の移転があった場合に行われる登記
抵当権設定登記	金融機関からの借入れで不動産を購入する場合、金融機関が抵当権を設定する際に行われる登記

◎ 登記簿以外で不動産調査に使えるもの

地図	・正確な測量に基づいて作成されるため精度が高く、地図から土地の境界などを復元できる ・登記所に備え付けることが定められている（実際には備付けは進んでいない）
公図	・地図に準ずる図面として公図が備えられているが、精度は高くない
地積測量図	・その土地の形状、地積、境界点などが記載されている ・すべての土地について備え付けられているわけではない

問題にチャレンジ！

問題　不動産の登記記録において、所有権に関する登記事項は、権利部の乙区に記録される。〇か×か？

解説　所有権に関する登記事項が記録されるのは、「権利部の甲区」です。一方、所有権以外の権利（抵当権など）に関する事項は「権利部の乙区」に記録されます。　　　　　答え　×

1 資金計画
2 リスク管理
3 金融資産運用
4 タックスプランニング
5 不動産
6 相続・事業承継

03 不動産取引のポイント

不動産取引で主なポイントとなるのは
手付金・危険負担・契約不適合責任の3つです

　不動産取引を行う際には、さまざまな気を付けるべきポイントがあります。ここでは、売買契約書にも記載されている3つの項目を中心に見ていきます。

不動産取引の際に知っておきたい3つのポイント

❶手付金

　手付金とは、契約を結ぶ際に買主から売主に渡される金銭のことです。日本の場合、手付金は解約手付とみなされ、**相手が契約の履行に着手するまでは、買主は手付金を放棄することで契約を解除**できます。**売主は手付金の倍額を買主に返すことで契約を解除**できます。

　宅地建物取引業者が自ら売主になる場合、買主から受け取ることができる手付金の額は代金の2割が限度となっています。

❷危険負担

　売買契約を締結した後で、引渡し前に建物が自然災害など売主の責任でも買主の責任でもない理由で滅失してしまった場合、民法では**買主から契約を解除**できると定めています。その場合、売主は直ちに手付金を買主に返還しなくてはなりません。

❸契約不適合責任

　購入した不動産に契約された内容に適合しない瑕疵（不適合）があった場合、買主は**不適合を知ったときから1年以内にその不適合を売主に通知**することで、売主に対して追完請求（補修などの請求）や代金減額の請求、損害賠償の請求などを行うことができます。また、不適合が軽微な場合を除いて、買主は契約を解除することができます。

　宅地建物取引業法では、売主の責任を引渡しから2年以上と限定して契約することができます。

◎ 危険負担と契約不適合責任

危険負担　売買契約の締結後で、引渡し前に、自然災害等で滅失した場合

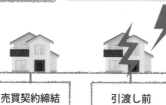

例
落雷による
火災で滅失

引渡し期日

売買契約締結　　引渡し前

・買主から契約を解除できる
・売主が手付金を受け取っている場合、返還が必要

契約不適合責任　契約された内容に適合しない瑕疵（不適合）があった場合

瑕疵（不適合）
の発見!!

売買契約締結

不適合を知ってから1年以内に
不適合を売主に通知

契約不適合責任は、売主の
負担が大きいため、宅地建
物取引業法で、期間を2年
に区切ることができます

民法

不適合を知ってから1年以内に売主に通知すれば、
売主に追完請求（補修など）、代金減額の請求、損害
賠償の請求などができる

📖✏️ 問題にチャレンジ！

問題　宅地建物取引業者が自ら売主になる場合、代金の額の10分の1を超える額の
手付金を受領することができない。〇か×か？

解説　宅地建物取引業者が売主となる場合、受け取ることができる
手付金は代金の額の10分の2までです。　　　　　答え　×

1 資金計画
2 リスク管理
3 金融資産運用
4 タックスプランニング
5 不動産
6 相続・事業承継

04 宅地建物取引業法

宅地建物取引業や宅地建物取引士に
関係の深い法律です

宅地建物取引業法は、宅地建物の取引に関して必要な規制を行うことで、**購入者の利益の保護**と、**宅地建物の流通の円滑化**を図ることを目的とした法律です。宅地建物取引業を行う者を宅地建物取引業者といいます。

宅地建物取引業法の内容と宅地建物取引士の役割

◆ 宅地建物取引業

宅地建物取引業とは、**宅地建物の「取引」を「業」として行う**ことです。「取引」とは、宅地や建物を自ら売買・交換したり、売買・交換・貸借の代理や媒介（仲介）を行うことをいいます。「業」とは、不特定多数の人に対して反復継続して取引を行うことです。

◆ 宅地建物取引士の役割

宅地建物取引業を営むときは免許が必要です。複数の都道府県に事務所を置く場合は国土交通大臣、1つの都道府県にのみ事務所を置く場合は、その都道府県知事から免許を受けます。

なお、自分が所有する宅地や建物を自らが貸借することは宅地建物取引業には該当しないので、個人でアパートを経営するときなどには免許は不要です。

宅地建物取引業者は、事務所ごとに一定数以上の専任の**宅地建物取引士**を置くことが義務付けられています。宅地建物取引士の独占業務には、①重要事項の説明、②重要事項説明書への記名、③契約書への記名の3つがあります。

宅地建物取引業者に不動産の売買や賃貸の媒介を依頼する場合には、媒介契約を結びます。媒介契約には、**一般媒介契約**、**専任媒介契約**、**専属専任媒介契約**があります。

マイホーム購入の流れ

例　物件価格が3,000万円の場合

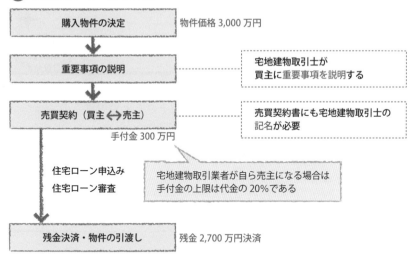

| 購入物件の決定 | 物件価格 3,000 万円 |

↓

| 重要事項の説明 | ----→ 宅地建物取引士が買主に重要事項を説明する |

↓

| 売買契約（買主 ↔ 売主） | ----→ 売買契約書にも宅地建物取引士の記名が必要 |

手付金 300 万円

住宅ローン申込み
住宅ローン審査

宅地建物取引業者が自ら売主になる場合は手付金の上限は代金の 20% である

↓

| 残金決済・物件の引渡し | 残金 2,700 万円決済 |

3つの「媒介契約」の比較

		一般媒介契約	専任媒介契約	専属専任媒介契約
依頼主	他の業者への依頼	○	×	×
	自己発見取引（自分で取引の相手を探す）	○	○	×
	有効期間	定めなし	3カ月以内	3カ月以内
業者	指定流通機構への登録義務	なし	7日以内	5日以内
	依頼主への報告義務	なし	2週間に1回以上	1週間に1回以上

専属専任媒介契約が、依頼主側にも業者側にも制限がもっとも厳しくなります

問題にチャレンジ！

問題　宅地建物取引業者が依頼者と締結する宅地または建物の媒介契約のうち、専任媒介契約の有効期間は最長で6カ月以内である。○か×か？

解説　専任媒介契約の有効期間は、最長で3カ月以内となっています。

答え　×

1 資金計画
2 リスク管理
3 金融資産運用
4 タックスプランニング
5 不動産
6 相続・事業承継

05 法律❷ 借地借家法

土地と建物を賃貸借するときの
ルールを定めた法律です

　土地や建物の賃貸借では、民法のルールをそのまま適用するのではなく、借主を保護するために**借地借家法**が定められています。借地借家法では、普通借地権や普通借家権のほかに、期間を定めて契約する定期借地契約や定期借家契約もできるようになっています。

┃ 普通借地契約と普通借家契約は借主の権利が強い

◆ 借地権の種類と内容

❶普通借地権

　普通借地権は、存続期間が30年以上と定められ、**存続期間終了後に契約を更新**することができます。地主（貸主）が更新を拒絶するには正当事由が必要です。

❷定期借地権

　定期借地権には**契約の更新がなく**、契約期間が終了した際は、借主は必ずその土地を返さなくてはなりません。定期借地権には、**一般定期借地権、建物譲渡特約付借地権、事業用定期借地権**等の3種類があります。

◆ 借家権の種類と内容

❶普通借家権

　普通借家権は、契約期間の終了後、**契約を更新することができる契約**です。期間の定めはありませんが、1年未満の契約は期間の定めがないものとみなされます。家主（貸主）が更新を拒絶するには、正当事由が必要です。

❷定期借家権

　定期借家権は、契約で決められた期限が来ると契約が終了し、**更新することはできません**。契約期間の定めはなく、1年未満の契約も可能です。

◎ 普通借地権の存続期間

	最初の契約	更新後の契約	
		1回目	2回目
期間の定め あり	30年以上	20年以上	10年以上
期間の定め なし	30年とみなされる	20年とみなされる	10年とみなされる

普通借地契約の更新
- 借地権者が契約の更新を請求したときは、建物がある場合に限り、それに応じなければならない
- 借地権者が土地の使用を継続している場合は、建物がある場合に限り、それに応じなければならない
- 地主側が借地契約の更新を拒絶する場合、正当事由の明文化が必要

> 普通借地契約の場合は、いったん土地を貸したら永遠に返してもらえない場合も！

◎ 定期借地権の種類と内容

> 事業用定期借地権では、居住用の建物は建てられない！

	一般定期借地権	建物譲渡特約付借地権	事業用定期借地権等
存続期間	50年以上	30年以上	10年以上50年未満
用途制限	制限なし	制限なし	事業用に限る
契約方式	書面（電磁的方法を含む）	定めなし	公正証書に限る
内容	以下の事項は、特約を定める ・契約の更新がないこと ・建物再築による期間延長がないこと ・建物買取請求権がないこと	30年以降に、地主に建物を相当の対価で譲渡する特約を付けて設定する	期間が30年以上の場合、公正証書で以下の規定を排除できる ・契約の更新 ・再築による期間延長 ・建物買取請求権
契約期間 終了後	原則、更地で返還	建物は地主に帰属	原則、更地で返還

> 3種類の定期借地権は、存続期間、用途の制限、契約方式を中心に押さえましょう！

1 資金計画

2 リスク管理

3 金融資産運用

4 タックスプランニング

5 不動産

6 相続・事業承継

06 法律❸

区分所有法

マンションなどの集合住宅で
共同生活を行うルールを定めた法律です

重要度 ★★☆

　区分所有法（建物の区分所有等に関する法律）は、マンションなどの集合住宅の建物や敷地などの所有や、住民などの自治に関するルールを定めた法律です。

区分所有建物の権利

　分譲マンションなどの集合住宅は、1棟の建物でも、部屋ごとに所有者が異なります。このような所有の形態を**区分所有**といいます。

　区分所有建物には、その区分所有者のみが利用できる**専有部分**と、エントランスやエレベーターなど、ほかの区分所有者と共同で利用する**共用部分**があります。

　専有部分の所有権を**区分所有権**といい、住居や店舗、事務所などに使えるといった構造上の独立性と利用上の独立性が必要です。区分所有者には、その敷地を利用できる権利（敷地利用権）がありますが、**専有部分と敷地利用権を切り離して売買することはできません。**

　共用部分には、共同廊下、階段、エレベーターなどの**法定共用部分**と、集会室や管理人室などのように**規約**（建物や敷地の利用に関して、区分所有者が自主的に定めるルールのこと）で共用部分とすることができる**規約共用部分**があります。

　なお、マンションなどの規約の効力は、区分所有者だけでなく居住者にも及びます。

　また、規約の変更やさまざまな決議事項の決定は、集会を開いて決議を行う必要があります。区分所有法には、マンションの管理者は、**少なくとも年1回以上、集会を招集しなければいけない**ことが定められ、決議は区分所有者と議決権による一定の賛成数によって議決されます。

区分所有権のイメージ

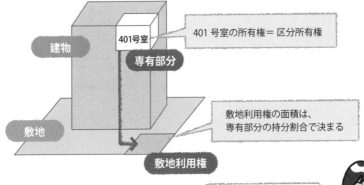

401号室の所有権＝区分所有権

敷地利用権の面積は、専有部分の持分割合で決まる

ただし、建物の敷地が実際に区分されているわけではありません！

集会における議決要件

	決議内容	必要賛成数
集会の招集		1/5 以上
普通決議事項 ：過半数の 賛成で可決	管理者の選任・解任、大規模な修繕、小規模な滅失の復旧、共用部分の管理に関する事項	過半数
特別決議事項 ：特別多数の 賛成で可決	規約の設定、変更、廃止など	3/4 以上※
	建替え	4/5 以上※

※規約で別段の定めをすることはできない

問題にチャレンジ！

問題　区分所有法の規定によれば、区分所有建物の建替えは、区分所有者および議決権の各4分の3以上の多数の決議がなくてはできない。○か×か？

....

解説　区分所有建物の建替えは、区分所有者および議決権の各5分の4以上の賛成が必要なことが定められています。　　　答え　×

1 資金計画

2 リスク管理

3 金融資産運用

4 タックスプランニング

5 不動産

6 相続・事業承継

07 法律❹ 都市計画法

重要度 ★★★

住みやすい街づくりのために
計画・開発・整備について定めています

都市計画法は、都市の健全な発展と秩序ある整備を図り、住みやすい街をつくるための法律です。そのために都市計画区域を指定し、さらに市街化区域や市街化調整区域などを定めています。

都市計画区域の概要

都市計画区域とは、一体の都市として総合的に整備・開発を行っていく必要があるとして指定された区域です。原則として都道府県知事が定めますが、県や市などの行政区域とは関係なく指定できます。

都市計画区域の中で、「すでに市街地を形成している区域」および「おおむね10年以内に優先的かつ計画的に市街化を図るべき区域」が市街化区域で、「市街化を抑制すべき区域」が市街化調整区域です。市街化区域では用途地域（土地使用の用途が指定されている地域）を定めますが、市街化調整区域では、原則として用途地域を定めません。

そのほか、都市計画区域のうち、市街化区域にも市街化調整区域にも指定されていない非線引き都市計画区域もあります。また、都市計画区域外でも、無秩序な開発が懸念される区域では準都市計画区域が指定され、さまざまな規制が適用されます。

都市計画法による「開発許可制度」

都市の無秩序な開発を防ぐため、都市計画区域内と準都市計画区域内で開発行為を行う場合は、事前に都道府県知事の許可を受けなければならない開発許可制度が定められています。開発行為とは、建築物の建築または特定工作物の建設の用に供する目的で行う土地の区画形質の変更のことで、造成等を行っても、建築物の建築が目的でない場合は開発行為には該当しません。

1 資金計画

2 リスク管理

3 金融資産運用

4 タックスプランニング

5 不動産

6 相続・事業承継

◎ 都市計画区域と準都市計画区域

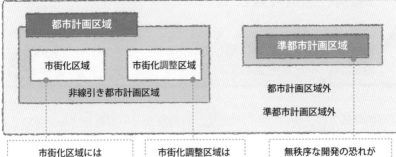

市街化区域には用途地域が定められている	市街化調整区域は自然を残したい地域

無秩序な開発の恐れがあるため制限がある地域

◎ 13種類の用途地域

住居系	第一種低層住居専用地域、第二種低層住居専用地域、第一種中高層住居専用地域、第二種中高層住居専用地域、第一種住居地域、第二種住居地域、準住居地域、田園住居地域
商業系	近隣商業地域、商業地域
工業系	準工業地域、工業地域、工業専用地域

◎ 都道府県知事の開発許可が不要の開発行為

	小規模開発	農林漁業用建築物	公的機関が行う開発
市街化区域	1,000 ㎡未満は不要		
市街化調整区域	例外なし	不要	不要
非線引き都市計画区域 準都市計画区域	3,000 ㎡未満は不要		
上記以外	1ha 未満は不要		

市街化区域では、1,000 ㎡未満の小規模開発は許可が不要です

問題にチャレンジ！

問題　市街化調整区域とは、おおむね10年以内に優先的かつ計画的に市街化を図るべく調整をする区域である。○か×か？

解説　市街化調整区域は、市街化を抑制する区域であり、自然を残すことが図られています。　　　　　　　　　　答え　×

08 法律❺

建築基準法

建築物の用途や敷地に関して
最低限のルールを定めています

　建築基準法では、国民の生命や財産、日照権などの権利を守るために、建築物の敷地、構造、設備および用途に関する最低限の基準を定めています。

安全と住環境を考慮した道路の幅や建築物の用途のルール

　建築基準法では道路に関する制限、用途に関する制限、建蔽率（けんぺいりつ）の制限、容積率（せきりつ）の制限などが定められています。

◆ 道路に関する制限

　建築基準法では、交通の安全や防災のために道路を次のように規定しています。

・幅員（ふくいん）（道の幅）4m 以上の道路
・建築基準法が施行されたときにすでにあって、特定行政庁の指定を受けた幅員 4m 未満の道路（2項道路）

　2項道路とは、建築基準法 42 条 2 項によって定められた道路で、**道路の中心線から 2m 後退（セットバック）した線が境界線**とみなされます。セットバック部分には新たに建物を建てることはできません。また、**建築物の敷地は、幅員 4m 以上の道路に 2m 以上接していないといけない**という接道（せつどう）義務（ぎむ）が定められています。

◆ 用途に関する制限

　建築基準法では、**用途地域にある建築物の用途を制限**しています。用途地域は、171 ページで示した通り、住居系、商業系、工業系の用途地域が全部で 13 種類ありますが、それぞれの用途地域で建てられる建物と建てられない建物が決められています。ある敷地が、異なる 2 つ以上の用途地域にまたがる場合は、**敷地の過半を占める用途地域の制限**を受けます。

1 資金計画

2 リスク管理

3 金融資産運用

4 タックスプランニング

5 不動産

6 相続・事業承継

◎ セットバックと接道義務

セットバック　セットバックは「後退」のことで、2項道路は道路の中心線から2mのセットバックが必要

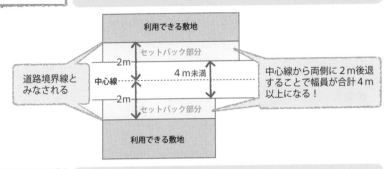

道路境界線とみなされる

利用できる敷地
セットバック部分
2m
中心線
4m未満
2m
セットバック部分
利用できる敷地

中心線から両側に2m後退することで幅員が合計4m以上になる！

接道義務　建築物の敷地は、幅員4m以上の道路に2m以上接していなければならない

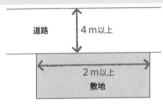

道路　4m以上

2m以上
敷地

◎ 用途地域内の建築物の用途制限

○：建築可能　×：建築不可　△：条件により建築可

診療所や保育所は、どの用途地域でも建築可能

	第一種低層住居専用地域	第二種低層住居専用地域	第一種中高層住居専用地域	第二種中高層住居専用地域	第一種住居地域	第二種住居地域	準住居地域	田園住居地域	近隣商業地域	商業地域	準工業地域	工業地域	工業専用地域
診療所、保育所	○	○	○	○	○	○	○	○	○	○	○	○	○
住宅、共同住宅	○	○	○	○	○	○	○	○	○	○	○	○	×
図書館、老人ホーム	○	○	○	○	○	○	○	○	○	○	○	○	×
店舗兼用住宅	○	○	○	○	○	○	○	○	○	○	○	○	×
小・中・高校	○	○	○	○	○	○	○	○	○	○	○	×	×
事務所	×	×	×	△	△	○	○	×	○	○	○	○	○
病院	×	×	○	○	○	○	○	×	○	○	○	×	×
大学、各種学校	×	×	○	○	○	○	○	×	○	○	○	×	×
ホテル、旅館	×	×	×	×	△	○	○	×	○	○	○	×	×
工場	×	×	×	×	△	△	△	×	△	△	△	○	○

低層住居専用地域には病院や大学は建てられない

表の両端に行くにつれ、制限が厳しくなるとイメージしましょう！

ゆとりを持って建てるための「建蔽率」の規制ルール

◆ 建蔽率の制限

建蔽率とは、**敷地面積に占める建築物の建築面積の割合**のことです。つまり、その敷地を上から見たときに、敷地全体の何パーセントまで建築物を建てられるかを表したものが建蔽率というわけです。

$$建蔽率（\%）= \frac{建築面積}{敷地面積} \times 100$$

建蔽率の最高限度は用途地域ごとに決められており、さらに土地ごとに建蔽率が指定されます。これを指定建蔽率といいます。

たとえば、指定建蔽率が60%であれば、100㎡の土地に60㎡までの建物を建てることができます。

◆ 建蔽率の緩和措置

一方、以下の①②のいずれかに該当する場合は、10%を加算することができます。両方に該当する場合は、20%を加算することができます。

①特定行政庁が指定する角地の建築物
②指定建蔽率が80%以外の地域で、防火地域内※の耐火建築物等、または準防火地域内※の耐火建築物・準耐火建築物等
※防火地域・準防火地域については176ページ参照

さらに、以下の①〜③のいずれかに該当する建築物は、建蔽率の制限が適用されず、敷地いっぱいに建物を建てることができます。

①指定建蔽率が80%の地域で、防火地域内の耐火建築物等
②派出所、公衆便所等
③公園や広場などの中にある建築物で、特定行政庁が安全上、防災上、衛生上支障がないと認めたもの

◆ 建築物の敷地が建蔽率の異なる地域にまたがる場合

建築物の敷地が、建蔽率の異なる複数の地域にまたがる場合は、**それぞれの地域の建蔽率に、それぞれの敷地の敷地全体に占める割合を乗じた数値の合計**が、その敷地全体の建蔽率の最高限度となります。

◎ 用途地域ごとの建蔽率の最高限度

用途地域	以下の数値の中から都市計画で決める
第一種低層住居専用地域 第二種低層住居専用地域 第一種中高層住居専用地域 第二種中高層住居専用地域 田園住居地域 工業専用地域	30%、40%、50%、60%
第一種住居地域 第二種住居地域 準住居地域 準工業地域	50%、60%、80%
近隣商業地域	60%、80%
商業地域	80%
工業地域	50%、60%

> 用途地域による
> 建蔽率の最高限度の数値は、
> 暗記しなくても大丈夫です！

◎ 敷地が建蔽率の異なる地域にまたがる場合

例 用途地域の異なる土地を一体化して1つの建築物を建てる場合、建蔽率の上限と最大建築面積は？

建築物の敷地

300㎡	200㎡
用途地域：商業地域 指定建蔽率：80%	用途地域：低層住居 専用地域 指定建蔽率：60%

建蔽率の上限 ＝ 80% × $\dfrac{300\,㎡}{500\,㎡}$ ＋ 60% × $\dfrac{200\,㎡}{500\,㎡}$ ＝ 72%

最大建築面積 ＝ 500 ㎡ × 72% ＝ 360 ㎡

1 資金計画
2 リスク管理
3 金融資産運用
4 タックスプランニング
5 不動産
6 相続・事業承継

人口の密集を防ぐための「容積率」の制限ルール

◆ 容積率の制限

容積率とは、**敷地面積に対する建築物の「延べ面積」の割合**のことです。延べ面積とは、建物の各フロアの床面積を合計したものです。

$$容積率（\%）= \frac{建築物の延べ面積}{敷地面積} \times 100$$

容積率の上限も、建蔽率と同様に用途地域ごとに定められています。指定容積率が300％であれば、100㎡の土地に延べ面積300㎡までの建物を建てることができます。1つの土地に建蔽率と容積率の両方が定められているため、両方の制限を満たす必要があります。

◆ 前面道路の幅員による容積率の制限

建築物の接する道路の**幅員が12m未満**の場合、防災上などの観点からさらに容積率が制限されます。この場合、以下の①②の数値のうち低いほう（制限が厳しいほう）の数値が適用されます。

①前面道路の幅員に法定乗率を掛けた値
②その土地の指定容積率

◆ 建築物の敷地が、容積率の異なる地域にまたがる場合

建築物の敷地が、容積率の異なる複数の地域にまたがる場合は、**それぞれの地域の容積率に、それぞれの敷地の敷地全体に占める割合を乗じた数値の合計**が、その敷地全体の容積率の最高限度となります。

◆ 防火地域、準防火地域内の建築物の規制

都市計画区域内には、火災による被害を最小限に抑えるため、防火地域や準防火地域の指定がされている地域があります。防火地域は原則として木造建築物を建てられない地域、準防火地域は建築物の規模に応じて一定の防火措置をする必要がある地域です。

建築物が防火規制の異なる地域にまたがる場合は、**より厳しい規制が適用**されます。防火規制は防火地域がもっとも厳しく、準防火地域、防火規制なしの順に規制がゆるやかになります。

◎ 用途地域ごとの容積率の最高限度

用途地域	以下の数値の中から都市計画で決める
第一種低層住居専用地域 第二種低層住居専用地域 田園住居地域	50%、60%、80%、100%、150%、200%
第一種中高層住居専用地域 第二種中高層住居専用地域 第一種住居地域 第二種住居地域 準住居地域 近隣商業地域 準工業地域	100%、150%、200%、300%、400%、500%
工業地域 工業専用地域	100%、150%、200%、300%、400%
商業地域	200%、300%、400%、500%、600%、700%、 800%、900%、1000%、1100%、1200%、1300%

◎ 前面道路の幅員による容積率の制限

用途地域	法定乗率（前面道路の幅員に掛ける数値）
住居系	4/10
非住居系	6/10

前面道路の幅員による容積率の制限は難しいですが、しっかり理解しましょう！

例 建築物の容積率の上限は？

道路　6m

建築物　**300 ㎡**

用途地域：住居地域
指定容積率：300%

$6m × \dfrac{4}{10} = 240\% < $ 指定容積率 300%

➡ **この土地の容積率の上限は 240%**

問題にチャレンジ！

問題　都市計画区域および準都市計画区域内における防火地域内に耐火建築物を建築する場合、建蔽率について緩和措置を受けることができる。○か×か？

....

解説　都市計画法が指定する防火地域内の耐火建築物等、あるいは準防火地域内の耐火建築物・準耐火建築物等の場合、建蔽率が10%緩和されます。

答え　○

1 資金計画

2 リスク管理

3 金融資産運用

4 タックスプランニング

5 不動産

6 相続・事業承継

不動産を「取得」した場合の税金

住むための住宅を取得したときには
税金の軽減措置があります

　不動産を取得するときにかかる税金には、**不動産取得税**、**登録免許税**、印紙税などがあります。土地と建物は別個の不動産とみなされるため、税金も、土地と建物で分けて計算します。

不動産を取得したときにかかる税金

◆不動産取得税

　不動産取得税は都道府県が課す税金で、**不動産を「取得」したとき**にかかります。購入して不動産を「取得」した場合だけでなく、新築、交換、贈与、増改築などで「取得」した場合も課税の対象です。ただし、相続で不動産を取得した場合は課税されません。

　不動産取得税の額は、固定資産税評価額の３％ですが、住宅とその敷地を取得した場合には、税金を軽減する特例があります。

◆登録免許税

　登録免許税は国が課す税金で、**不動産を登記する際**にかかります。不動産登記には、新築による所有権保存登記、購入による所有権移転登記などがありますが、住宅ローンを組んだ場合は金融機関が抵当権設定登記を行います。

　登録免許税は、固定資産税評価額を基に計算しますが、抵当権設定登記の場合は債権金額（融資額）が課税標準になります。登録免許税にも、要件を満たした住宅用家屋の登記では、軽減税率の特例があります。

◆印紙税

　印紙税は国が課す税金で、**一定の文書を作成したとき**にかかる税金です。

　不動産の場合、土地の賃貸借契約書、売買契約書、請負契約書、売買代金の受領書などが印紙税の対象で、文書に記載された金額を基に税額を計算します。

1 資金計画

2 リスク管理

3 金融資産運用

4 タックスプランニング

5 不動産

6 相続・事業承継

◎ 不動産取得税

計算式

【住宅用家屋と土地の取得の場合】

住宅用家屋以外は4%

不動産取得税 = 固定資産税評価額 × 3%
(標準税率)

住宅と住宅用土地の特例

住宅の特例※1	不動産取得税 =（固定資産税評価額 − 1,200万円）× 3%
住宅用土地の特例	不動産取得税 =（固定資産税評価額 × $\frac{1}{2}$）× 3% − 控除額※2

※1 新築住宅：住宅（賃貸住宅も可）で50㎡（賃貸マンションは40㎡）以上240㎡以下が対象
　　中古住宅：自己居住用の住宅で50㎡以上240㎡以下の住宅が対象（中古住宅は新築の時期により控除額が異なる）

※2 一定の要件を満たすと、税額控除ができる

◎ 登録免許税

計算式

登録免許税 = 課税標準 × 税率

登録免許税の税率と特例による軽減税率

登記の内容	課税標準	税率	一般住宅の軽減税率
所有権保存登記	固定資産税評価額	0.4%	0.15%
所有権移転登記		2%	0.3%
抵当権設定登記	債権金額	0.4%	0.1%

軽減税率は、自己居住用の家屋（50㎡以上）を、新築または取得後、1年以内に登記をした場合に適用される

📖 問題にチャレンジ！

問題　不動産取得税の課税標準は、原則として、固定資産管理台帳に登録された価格である。○か×か？

....

解説　不動産取得税は、固定資産税評価額（固定資産管理台帳に登録された価格）を課税標準として計算されます。　　　答え　○

10 税金❷ 不動産を「所有」している場合の税金

重要度 ★★☆

1月1日現在の所有者には
固定資産税と都市計画税が課せられます

　不動産は取得の際に税金がかかるだけでなく、保有している間、毎年、固定資産税や都市計画税を支払います。都市計画税は、市街化区域内の土地や建物を保有している場合が対象です。

固定資産税と都市計画税

◆ 固定資産税

　固定資産税は、毎年1月1日現在で**固定資産（土地、家屋など）を所有している人**に対して市町村が課す税金です。

　固定資産税の税額は、**固定資産税評価額**（159ページ）を基に計算し、税率は1.4％ですが、市町村（東京23区は東京都）が独自に税率を決めることもできます。住宅用地や新築住宅については、税金を軽減する特例があります。

◆ 都市計画税

　都市計画税は、都市計画事業などの費用に充てるため、原則として**市街化区域内にある土地や家屋の所有者**に対して市町村（東京23区は東京都）が課す税金です。

　都市計画税も固定資産税評価額を基に計算され、税率は0.3％を上限として、市町村が独自に決めることもできます。都市計画税では、住宅用地について、税金を軽減する特例があります。

◆ 1年の途中で不動産を売買した場合

　固定資産税と都市計画税は、1月1日現在で、土地や家屋を所有している人が納める税金です。

　1年の途中で不動産を売買した場合も1月1日現在の所有者に納税義務がありますが、一般的には、1年を所有期間で分けて、相当する税額を売主が買主に請求します。

◎ 固定資産税

計算式

固定資産税 ＝ 課税標準 × 1.4%（標準税率）

住宅用地の課税標準の特例

小規模住宅用地 （土地のうち 200 ㎡以下の部分）	課税標準 ＝ 固定資産税評価額 × $\dfrac{1}{6}$
一般住宅用地 （土地のうち 200 ㎡超の部分）	課税標準 ＝ 固定資産税評価額 × $\dfrac{1}{3}$

新築住宅の税額軽減の特例

住宅を新築した場合	要件を満たせば税額が $\dfrac{1}{2}$ になる
税額軽減の期間	新築住宅：3 年間 地上 3 階建て以上の中高層耐火住宅：5 年間

◎ 都市計画税

計算式

都市計画税 ＝ 課税標準 × 0.3%（制限税率）

住宅用地の課税標準の特例

小規模住宅用地 （土地のうち 200 ㎡以下の部分）	課税標準 ＝ 固定資産税評価額 × $\dfrac{1}{3}$
一般住宅用地 （土地のうち 200 ㎡超の部分）	課税標準 ＝ 固定資産税評価額 × $\dfrac{2}{3}$

問題にチャレンジ！

問題　固定資産税において、小規模住宅用地は課税標準を4分の1とする特例がある。〇か×か？

- -

解説　特例では、200㎡以下の小規模住宅用地の課税標準が6分の1となります。　　　　　　　　　答え　×

1 資金計画

2 リスク管理

3 金融資産運用

4 タックスプランニング

5 不動産

6 相続・事業承継

不動産を「譲渡」した場合の税金

不動産を売却した際の譲渡益には
所得税と住民税が課されます

売却するなどして不動産を譲渡した際に譲渡益（じょうとえき）がある場合は、譲渡所得として課税の対象になります。

譲渡所得金額の計算

譲渡所得金額は、次のように計算します。

譲渡所得金額　＝　譲渡収入金額　－（取得費 ＋ 譲渡費用）

譲渡収入金額とは、対象となる不動産の売却代金のことですが、譲渡所得金額を計算する際は取得費と譲渡費用を差し引くことができ、その結果残った利益の部分が課税の対象となります。購入したときの契約書等が残っていないなど取得費がわからないときは、**譲渡収入金額の5％を取得費とみなして計算**します。これを概算取得費といいます。

◆ 長期譲渡所得と短期譲渡所得

所得税等の計算において、不動産所得は分離課税（135ページ）の対象です。**譲渡した日の属する年の1月1日までの所有期間が5年を超えるかどうか**で、長期譲渡所得と短期譲渡所得に分けて計算を行います。譲渡所得金額から特別控除を引いたものが課税譲渡所得金額で、①課税長期譲渡所得金額と②課税短期譲渡所得金額に分けられます。

課税譲渡所得金額に税率を掛けて税額を計算しますが、①課税長期譲渡所得と②課税短期譲渡所得では、税率が異なります。①課税長期譲渡所得は、自分が長く住んでいた家を売ったと考えられ、住み替えるための家を購入する資金が必要であることなどから、税率は低く抑えられています。

一方、②課税短期譲渡所得の場合は、利益を得ることが目的で不動産を売却したとみなされ、税率は高くなります。

◎ 譲渡収入金額・取得費・譲渡費用

購入代金がわからないときは、売却代金の5%を取得費として計算します。これを概算取得費といいます

譲渡収入金額	土地や建物の売却代金
取得費	譲渡した不動産の取得代金（建物は減価償却費を差し引く）、取得時の仲介手数料、不動産取得税、登録免許税、印紙税、購入時の設備費、改良費 など
譲渡費用	譲渡時の仲介手数料、登記費用、譲渡時の建物取壊し費用、借家人の立退き費用 など

◎ 長期譲渡所得と短期譲渡所得

	土地・建物の所有期間
長期譲渡所得	譲渡した日の属する年の1月1日現在までの所有期間が5年超
短期譲渡所得	譲渡した日の属する年の1月1日現在までの所有期間が5年以下

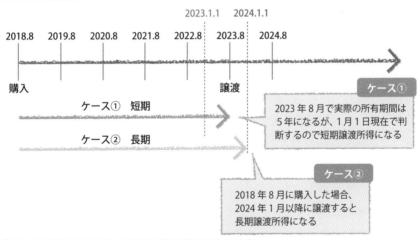

ケース①
2023年8月で実際の所有期間は5年になるが、1月1日現在で判断するので短期譲渡所得になる

ケース②
2018年8月に購入した場合、2024年1月以降に譲渡すると長期譲渡所得になる

◎ 課税長期譲渡所得と課税短期譲渡所得の税率

課税長期譲渡所得	20%（所得税15%、住民税5%）
課税短期譲渡所得	39%（所得税30%、住民税9%）

1 資金計画
2 リスク管理
3 金融資産運用
4 タックスプランニング
5 不動産
6 相続・事業承継

◆居住用財産を譲渡して、譲渡益がある場合の特例

自分が住んでいる家とその敷地など（居住用財産）を譲渡したときに過大な税金を課されてしまうと、新居の購入費が不足するなどの問題が起こることが考えられます。そこで、居住用財産を譲渡する際には、税金を軽減するさまざまな特例が設けられています。

❶居住用財産の3,000万円特別控除の特例

居住用財産を譲渡して譲渡益がある場合、**譲渡所得の金額から3,000万円を控除**することができます。つまり、譲渡益が3,000万円以下のときは、税金は課されません。居住用財産の所有期間にかかわらず適用を受けることができます。

❷居住用財産の軽減税率の特例

譲渡した日の属する年の1月1日時点で**所有期間が10年（居住期間10年以上）を超える居住用財産**を譲渡した場合、3,000万円を控除した後の課税長期譲渡所得で6,000万円以下の部分に軽減税率が適用されます。

◆居住用財産を譲渡して、譲渡損がある場合の特例

また、譲渡損があるときには、次のような税金の特例があります。

❶居住用財産の買換え等の場合の譲渡損失の繰越控除の特例

居住用財産を譲渡して譲渡損失があった場合、新たに居住用財産を購入することで、その譲渡損失を、給与所得など譲渡した年のほかの所得と損益通算でき、さらに譲渡損失が残った場合は、翌年以降3年間にわたって繰越控除することができます。

譲渡した年の前年1月1日から翌年12月31日までの間に買換え資産を購入した場合に適用を受けることができます。

❷特定居住用財産の譲渡損失の繰越控除の特例

住宅ローンが残っている居住用財産を譲渡して譲渡損がある場合、譲渡価格を超える住宅ローン残高を上限に、譲渡した年のほかの所得と損益通算できます。さらに譲渡損失が残った場合は、翌年以降3年間にわたって繰越控除することができます。この特例は、居住用財産を新たに購入しなくても適用を受けることができます。

◎ 居住用財産の 3,000 万円特別控除の特例

譲渡収入　2億円

取得費・譲渡費用 1億円	特別控除 3,000万円	課税譲渡所得 7,000万円

3,000万円の特別控除は所有期間にかかわらず適用

所有期間が 10 年超の場合に適用
・譲渡益の 6,000 万円以下の部分
→所得税 10%、住民税 4％
・譲渡益の 6,000 万円超の部分
→所得税 15%、住民税 5％

適用要件

・譲渡した相手が親子や夫婦など特別の関係でないこと
・前年、前々年に、居住用財産に係る特例の適用を受けていないこと
・居住の用に供さなくなってから 3 年以内に譲渡すること

◎ 居住用財産の買換え等の場合の譲渡損失の繰越控除の特例

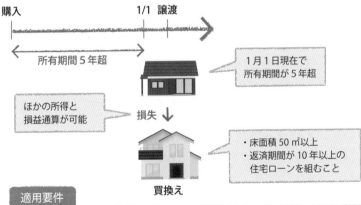

購入　　　　　　　1/1 譲渡

所有期間 5 年超

1月1日現在で所有期間が 5 年超

ほかの所得と損益通算が可能

損失 ↓

・床面積 50 ㎡以上
・返済期間が 10 年以上の住宅ローンを組むこと

買換え

適用要件

・譲渡した年の前年 1 月 1 日から翌年 12 月 31 日までの間に買換え資産を取得すること
・取得した年の翌年 12 月 31 日までの間に居住の用に供すること
・譲渡した相手が親子や夫婦など特別の関係でないこと
・その年の合計所得が 3,000 万円以下であること

1 資金計画
2 リスク管理
3 金融資産運用
4 タックスプランニング
5 不動産
6 相続・事業承継

12

不動産の有効活用

不動産投資の利回りと
土地を有効に活用する手段を学びましょう

　近年では、自分で住むための家を購入するだけでなく、不動産投資をするために購入する人が増えています。不動産投資から得られる収益は、賃料収入と不動産の譲渡による売却益があります。投資をする際には、あらかじめしっかりと投資利回りを計算する必要があります。

不動産を有効活用するさまざまな手法

◆不動産の投資利回りの考え方

❶単純利回り

　単純利回りは「表面利回り」ともいわれ、**不動産投資の表面的な収益性を見る利回り**です。年間収入を投資金額で割って求めます。

❷純利回り

　純利回りは「実質利回り」ともいわれ、**不動産投資の実質的な収益性を見る利回り**です。不動産投資における年間収入から、さまざまな経費を差し引き、投資金額で割って求めます。この純利回りは、不動産投資の収益性を評価するための基本的な利回りとなっています。

◆使っていない土地を有効活用する手法

　使われていない土地を有効に活用することで、収益を生む不動産としてよみがえらせることができます。その事業手法には、**自己建設方式、事業受託方式、土地信託方式、等価交換方式、定期借地権方式**があります。

　自己建設方式とは、自分の土地に自分で建物を建てる方法で、デベロッパー（不動産開発業者）に任せて土地を活用するのは、事業受託方式です。土地信託方式とは、信託銀行に任せて土地を有効活用する方法で、等価交換方式は、地主の土地にデベロッパーが提供した資金で建物を建てる方法、定期借地権方式は、期間を決めて土地を貸す方法です。

◎ 不動産の投資利回り

 ❶ 単純利回り

$$\text{単純利回り（\%）} = \frac{\text{年間収入合計}}{\text{投資金額}} \times 100$$

 ❷ 純利回り

$$\text{純利回り（\%）} = \frac{\text{純収益（収入合計 － 経費）}}{\text{投資金額}} \times 100$$

◎ 等価交換方式のイメージ

等価交換方式　土地は地主が提供し、デベロッパー（不動産開発業者）の資金で建物等を建て、それぞれが区分所有する方法

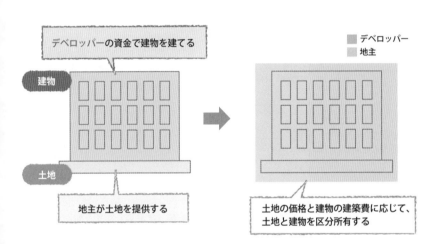

デベロッパーの資金で建物を建てる

建物

土地

地主が土地を提供する

デベロッパー
地主

土地の価格と建物の建築費に応じて、土地と建物を区分所有する

問題にチャレンジ！

問題　投資総額2億円の賃貸用不動産の年間収入が2,000万円、年間費用が400万円のとき、純利回りは10％である。〇か×か？

解説　純利回りは、（2,000万円－400万円）÷2億円＝8％となります。　　　　　　　　　　　　　　　　　　　答え　×

1 資金計画
2 リスク管理
3 金融資産運用
4 タックスプランニング
5 不動産
6 相続・事業承継

実技試験にチャレンジ!!
～建築物の延べ面積

コラム 5

・・

【問題】

建築基準法に従い、下記の＜資料＞の土地に建築物を建築する場合、この土地に対する建築物の延べ面積（床面積の合計）の最高限度として、正しいものはどれか。なお、記載のない条件については一切考慮しないこととする。

＜資料＞

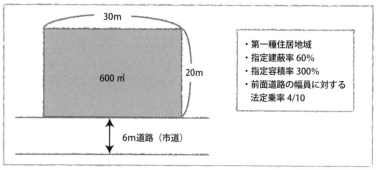

1. 600 ×0.6 ＝360（㎡）
2. 600 ×3.0 ＝1,800（㎡）
3. 600 ×6.0 ×4/10 ＝1,440（㎡）

解説と解答

建築物の「延べ面積の最高限度」なので、容積率を使って計算します。前面道路の幅員が6mであるため、容積率の「前面道路の幅員による制限」（176ページ）の対象となります。その場合、①前面道路の幅員に法定乗率を掛けた値と、②その土地の指定容積率の値を比較して、より制限が厳しい（数値が低い）ほうが、この土地に適用される容積率となります。

①6m×4/10（法定乗率）＝240%　　→　①240% ＜ ②300%
②300%（指定容積率）

従って、この土地の容積率は240%となり、600㎡のこの土地に建築できる建築物の延べ面積の上限は1,440㎡となります。

600㎡ × 240% ＝ 1,440㎡

【解答】　　　3

第 **6** 章

相続・事業承継

「相続・事業承継」では、相続が発生した際に相続人になれる人や相続税の計算方法などを学習します。相続とは亡くなった人の財産を相続人が引き継ぐことです。相続が発生したときに慌てないよう、また相続人の間で争いが起きないように、相続対策を考えておくことも大切です。民法における相続の考え方と相続税の計算方法を、しっかり理解しておきましょう。

01 親族の規定

重要度 ★★☆

民法が規定する「親族」の範囲と
実子と養子の違いを理解しましょう

　民法では、配偶者、**6親等内**の血族、**3親等内**の姻族を親族と規定しています。夫婦、直系血族、兄弟姉妹は、互いに扶養義務を負うことも定められています。ここでは、民法で定める親族関係を見ていきましょう。

民法で規定されている親族関係を理解しよう

◆民法上の親族の範囲と内容

❶配偶者

　配偶者とは、法律上の婚姻関係がある相手のことです。

❷血族

　血族には**自然血族**と**法定血族**があります。自然血族は出生により発生する血のつながりのある血族で、養子縁組によって血族とみなされるのが法定血族です。

❸姻族

　姻族とは、婚姻で生じる配偶者の一方から見た場合の、他方の血族です。夫から見た妻の父母や、自分の兄弟姉妹の配偶者などが姻族です。

◆民法上の実子と養子

❶実子

　実子は血縁にある子のことで、**嫡出子**と**非嫡出子**に分けられます。嫡出子とは法律上の婚姻関係にある夫婦から生まれた子で、非嫡出子とは法律上の婚姻関係のない男女から生まれ、父または裁判所が認知した子のことです。

❷養子

　養子は養子縁組による子のことで、**普通養子**と**特別養子**があります。普通養子には実親の相続権も残りますが、特別養子の場合は養親の相続権のみで、実親の相続権はありません。

◎ 民法上の親族関係図

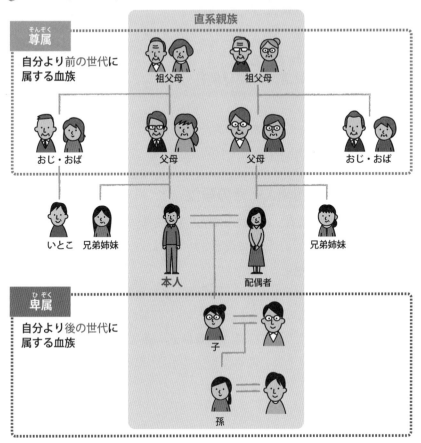

◎ 成年後見制度

知的障害や認知症などのために意思能力や判断能力が不十分な状態にある人を支援し、権利保護を図る制度。法定後見制度と任意後見制度がある

法定後見制度

本人の判断能力によって、後見・保佐・補助の3つの制度があり、家庭裁判所が成年後見人・保佐人・補助人を選任する

任意後見制度

本人の判断能力が十分でなくなった場合に備え、あらかじめ後見人を選任しておく制度で、任意後見契約は公正証書によって行うことが定められている

1 資金計画

2 リスク管理

3 金融資産運用

4 タックスプランニング

5 不動産

6 相続・事業承継

02 民法❷

相続・相続人とは?

重要度 ★★★

民法で定められている
相続人の範囲と順位を学びます

　相続とは、死亡した人の財産を相続人が受け継ぐことです。**相続は人の死によって開始**し、その財産は死亡と同時に相続人に引き継がれます。

民法が規定する相続人とその順位

　死亡した人を**被相続人**、被相続人の財産を引き継ぐ人を**相続人**といいます。相続人（法定相続人）は、民法で規定されています。

◆ 相続人になれる遺族

　民法で規定されている相続人は、**配偶者、子、直系尊属、兄弟姉妹**です。**配偶者はつねに相続人**になりますが、それ以外は順位が決まっており、上位順位者から相続人になります。**第1順位は子、第2順位は直系尊属、第3順位は兄弟姉妹**です。また、配偶者とは戸籍上の婚姻関係がある配偶者で、内縁関係では相続人になることができません。

◆第1順位：子
　被相続人の子は第1順位となる。子が複数いる場合は共同で相続人となる
◆第2順位：直系尊属
　第1順位の相続人がいない場合、第2順位の直系尊属が相続人となる。直系尊属には被相続人の親などが該当する
◆第3順位：兄弟姉妹
　第1順位、第2順位の相続人がいない場合、第3順位である被相続人の兄弟姉妹が相続人となる

◆ 相続人以外が財産を受け取る場合

　相続人でなくても、**遺贈**や**死因贈与**によって財産を受け取ることができます。遺贈とは、遺言書によってその人に財産を渡すこと、死因贈与は生前に「死んだらこの財産をあげる」という契約を交わしておくことです。

法定相続人と相続の順位

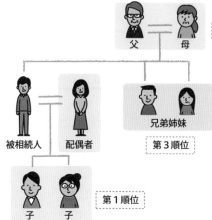

第2順位 父 母

第3順位 兄弟姉妹

被相続人 配偶者

第1順位 子 子

Point

◆ 配偶者はつねに相続人になる
→ 相続人は、「配偶者と子」「配偶者と直系尊属」といった組み合わせとなる

◆ 子、直系尊属、兄弟姉妹は上位順位から相続人になる
→ 被相続人に子、直系尊属、兄弟姉妹がいない場合、相続人は配偶者のみ

遺贈と死因贈与

遺贈

誰に財産をあげたいのかを書いておく

遺言書

被相続人 → 受遺者

死因贈与

生前に「死んだらあげる」という契約をする

「亡くなったらもらいます」という合意がある

被相続人 受贈者

死因贈与は贈与契約の一種ですが、相続税の対象となります

問題にチャレンジ！

問題　遺贈により受遺者が取得した財産は、課税の対象とならない財産を除き、相続税の対象となる。○か×か？

解説　遺贈とは遺言書に記載することで相続財産を受遺者に相続させることで、相続財産は相続税の対象になります。　　　答え　○

1 資金計画
2 リスク管理
3 金融資産運用
4 タックスプランニング
5 不動産
6 相続・事業承継

法定相続分

法定相続人の組み合わせによって
法定相続分が異なります

　民法では、法定相続人だけでなく、各相続人が相続する財産の割合も定めています。被相続人は遺言書を残すことで、相続人に相続させる財産の種類や割合を指定することもできます。

　被相続人が遺言書を残している場合、その内容に従って各相続人が財産を相続します。これを指定相続分といいます。遺言による指定がない場合は、**民法で定められた割合に従って財産を分割**します。これを法定相続分といいます。**同一順位の相続人が複数いる場合は均等**に分けます。子は、**実子、養子、非嫡出子にかかわらず法定相続分は同一**です。

❶法定相続人が「配偶者のみ」の場合

　　配偶者がすべての財産を相続する

❷法定相続人が「配偶者と子」の場合

　　配偶者の法定相続分が2分の1、子の法定相続分が2分の1

❸法定相続人が「配偶者と直系尊属」の場合

　　配偶者の法定相続分が3分の2、直系尊属の法定相続分が3分の1

❹法定相続人が「配偶者と兄弟姉妹」の場合

　　配偶者の法定相続分が4分の3、兄弟姉妹の法定相続分が4分の1

代襲相続の内容

　被相続人の子が相続開始前に死亡しているとき、その子（被相続人の孫）が相続することができます。これを代襲相続（だいしゅうそうぞく）といいます。

　子の場合、孫もすでに亡くなっていればひ孫、というように何代でも代襲相続ができますが、兄弟姉妹の場合は、その子（被相続人の甥（おい）、姪（めい））までの代襲相続しか認められません。相続人が欠格（けっかく）または廃除（はいじょ）によって相続権を失った場合、その子が代襲相続できますが、相続人が相続の放棄をした場合、その子は代襲相続をすることはできません。

1 資金計画

2 リスク管理

3 金融資産運用

4 タックスプランニング

5 不動産

6 相続・事業承継

◎ 法定相続人と法定相続分

❶法定相続人が「配偶者のみ」の場合：配偶者がすべての財産を相続

❷法定相続人が「配偶者と子」の場合

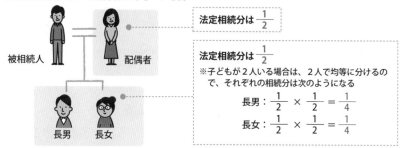

被相続人　配偶者

法定相続分は $\dfrac{1}{2}$

法定相続分は $\dfrac{1}{2}$
※子どもが2人いる場合は、2人で均等に分けるので、それぞれの相続分は次のようになる

$$長男：\dfrac{1}{2} \times \dfrac{1}{2} = \dfrac{1}{4}$$

$$長女：\dfrac{1}{2} \times \dfrac{1}{2} = \dfrac{1}{4}$$

長男　長女

❸法定相続人が「配偶者と直系尊属」の場合

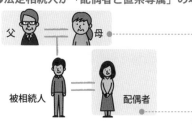

父　母

被相続人　配偶者

法定相続分は $\dfrac{1}{3}$
※両親とも健在の場合、2人で均等に分けるので、それぞれの相続分は次のようになる

$$父：\dfrac{1}{3} \times \dfrac{1}{2} = \dfrac{1}{6}$$

$$母：\dfrac{1}{3} \times \dfrac{1}{2} = \dfrac{1}{6}$$

法定相続分は $\dfrac{2}{3}$

❹法定相続人が「配偶者と兄弟姉妹」の場合

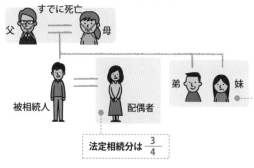

すでに死亡
父　母

被相続人　配偶者　　弟　妹

法定相続分は $\dfrac{1}{4}$
※兄弟姉妹が2人いる場合、2人で均等に分けるので、それぞれの相続分は次のようになる

$$弟：\dfrac{1}{4} \times \dfrac{1}{2} = \dfrac{1}{8}$$

$$妹：\dfrac{1}{4} \times \dfrac{1}{2} = \dfrac{1}{8}$$

法定相続分は $\dfrac{3}{4}$

◎ 欠格と廃除

欠格	相続人となるべき者が、故意に被相続人を殺したり、詐欺や強迫によって遺言書を書かせたりした場合などに、法律上、当然に相続人としての資格を失うこと
廃除	被相続人を虐待し、または重大な侮辱を加えたり、相続人に著しい非行があったりした場合に、被相続人が家庭裁判所に申し立てることにより、その相続権を失わせること

相続の承認と放棄

借金などの「マイナスの財産」が多いときは
相続の放棄もできます

相続人が相続によって引き継ぐのは被相続人の財産だけではありません。**借金などの「マイナスの財産」（債務）も相続の対象**となります。

そのため、相続の際は、被相続人の財産を相続するかを選択できる制度があります。

◆ 単純承認と限定承認

単純承認とは、被相続人の財産と債務の一切の権利と義務を引き継ぐことです。限定承認は、**被相続人の財産の範囲で債務を引き継ぐこと**です。

限定承認をする場合は、相続の開始があったことを知ったときから３カ月以内に、相続人全員で家庭裁判所に申述する必要があります。被相続人の財産を一部でも処分してしまった場合などは限定承認ができません。

◆ 相続の放棄

相続の放棄は、**被相続人の財産と債務の一切を相続しない**ことです。相続の放棄をするには、相続の開始があったことを知った日から３カ月以内に家庭裁判所に申述する必要があります。限定承認と異なり、相続の放棄は相続人が単独で行うことができます。

相続の放棄をした場合、**初めから「相続人でなかった」**とみなされます。

遺産をどう分割するか

◆ 財産分割の方法

財産分割の方法には、①現物分割、②換価分割、③代償分割の３つの方法があります。

現物分割は相続した財産をそのまま相続人で分けますが、換価分割では遺産を金銭に換えてそれを分割します。代償分割とは、特定の相続人が相続財産を受け取り、その相続人の固有の財産をほかの相続人に分ける方法です。

◎ 単純承認、限定承認、相続の放棄

相続の開始があったことを知った日

↕ 3カ月以内

限定承認 or **相続の放棄**

限定承認と相続の放棄の期限は、相続の開始があったことを知った日から3カ月以内

3カ月経過後

単純承認 したとみなされる

相続の開始があったことを知った日から3カ月以内に限定承認または相続の放棄をしないと単純承認したとみなされる

プラスの財産よりもマイナスの財産が多いときは、限定承認または相続の放棄をすれば、債務を負うデメリットを回避できます

単純承認する場合は、手続きは必要ありません

◎ 遺産分割の3つの方法

①現物分割	相続財産をそのまま、相続する数量、金額、割合を決めて分割する方法
②換価分割	相続財産を金銭に換価し、その換価代金を分割する方法
③代償分割	特定の相続人が相続財産を取得し、その相続人が代償として、自己の固有財産をほかの相続人に支払う方法。代償財産も相続税の対象となる。代償財産として不動産などを交付した場合、その資産を譲渡したものとみなし譲渡所得の対象となる

財産が「父親が経営していた会社」などの場合は、代償分割を使うことでスムーズに事業承継ができます！

 問題にチャレンジ！

問題　遺産分割の方法で、共同相続人の1人が遺産の一部または全部を取得し、ほかの相続人に対して金銭などの財産を支払う方法を代償分割という。〇か×か？

解説　代償分割では、遺産を相続した人の財産から、ほかの相続人に金銭等を支払います。　　　　　　　　　　　　　　　答え　〇

1 資金計画
2 リスク管理
3 金融資産運用
4 タックスプランニング
5 不動産
6 相続・事業承継

05 遺言の種類と方法

いくつかの方式がありますが
決められた方法でなければ効力はありません

　生前から自分の意思を示しておくことを遺言といいます。遺言は、遺言者の意思を尊重しそれを実現するためのもので、相続による親族の争いを防ぐ効果があります。

遺言書を作成することで、被相続人の意思を表示する

　遺言を一定の方式に従って文書にしたものが遺言書で、**満15歳以上でかつ意思能力があれば誰でも作成**することができます。遺言書を残すことで、財産分割などに関する被相続人の意思が尊重され、相続財産をめぐる相続人同士の争いを防いだり、相続人以外の人に財産を渡したりすることもできます。

　遺言書には、**自筆証書遺言、公正証書遺言、秘密証書遺言**などの方式が決まっており、**その方式に従って作成しないと効力がありません。**

　また、いったん遺言書を作成しても、新しい遺言書を作成することで遺言の内容の全部または一部を変更することができます。

遺言によっても侵すことができない「遺留分」

　たとえば、被相続人が「長男にすべての財産を渡す」という内容の遺言書を作成した場合、ほかの相続人が財産を受け取ることができず不公平になります。そこで、最低でも受け取れる財産の割合である**遺留分**が定められており、配偶者および子、直系尊属は、財産の侵害者に対して侵害額に相当する金銭を請求することができます（**遺留分侵害額請求権**）。

　遺留分の割合は**相続財産の2分の1**ですが、相続人が直系尊属のみの場合は3分の1です。遺留分侵害額請求権は、相続の開始を知ったときから1年間、相続の開始から10年間行使しないと、時効により消滅します。

遺言書の方式

	自筆証書遺言	公正証書遺言	秘密証書遺言
作成方法	遺言者が遺言の全文、日付、氏名を自書し、押印する（パソコン使用や代筆は不可）	遺言者の口述により、公証人が遺言書を作成する	遺言者が遺言書に署名・押印・封印し、公証人が日付等を記入する
証人	不要	2人以上の証人が必要	2人以上の証人が必要
秘密保持	・秘密を保持できる ・偽造・滅失等の恐れがある	・公証人と証人に遺言の内容を知られる ・偽造・滅失の恐れはほとんどない	・遺言の内容を秘密にして、存在だけを証明してもらう ・滅失・未発見の恐れがある
検認 ※1	必要 ※2	不要	必要

※1 検認とは、遺言書が法定の条件を満たしているかどうかを家庭裁判所で確認する手続きのこと
※2 自筆証書遺言は、法務局での保管が可能である。その場合、検認は不要となる

> 自筆証書遺言に添付する財産目録は、パソコンで作成してもOKです。ただし、財産目録の各ページに署名押印が必要です

遺留分

遺産1億円

「妻には財産を、一切渡さない！」

遺言書

被相続人

遺留分の割合：2分の1
→ 遺産が1億円の場合、遺留分は5,000万円

妻の法定相続分：2分の1の場合

遺言書に「妻には財産を、一切渡さない」とあっても、妻は少なくとも遺留分の2分の1の2,500万円は受け取ることができる

> 遺留分は遺言書によっても侵すことができない権利です

問題にチャレンジ！

問題　公正証書遺言を作成した公証人は、被相続人の死亡後、家庭裁判所による検認の請求をしなければならない。○か×か？

解説　自筆証書遺言と秘密証書遺言は家庭裁判所の検認が必要ですが、公正証書遺言は検認が不要です。　　　　答え　×

1 資金計画
2 リスク管理
3 金融資産運用
4 タックスプランニング
5 不動産
6 相続・事業承継

06 税金❶

重要度 ★★★

相続税の基本的な考え方

相続した財産のうち課税対象となる財産と
ならない財産を押さえましょう

　相続税を支払う必要があるのは、**相続または遺贈、死因贈与によって財産を取得した個人**です。相続時に国内に住所を有する場合は、国内の財産だけでなく、国外の財産もすべて相続税の課税対象となります。

相続税の対象となる財産・ならない財産

◆ 課税財産

　相続税の対象となる財産には、**本来の相続財産、みなし相続財産、生前贈与財産**の3種類があります。

　本来の相続財産は、被相続人の現金、預貯金、有価証券、土地・家屋など一切の財産です。

　みなし相続財産は、死亡保険金や死亡退職金など被相続人の財産とみなされる財産です。生前贈与財産は、**相続開始前7年以内に被相続人から贈与を受けた財産**が相続税の対象となります。

◆ 非課税財産

　原則として、被相続人から相続した財産はすべて相続税の対象ですが、墓地、墓石、仏壇・仏具など宗教的な儀礼に関わるものは相続税の対象とはなりません。それ以外にも、次の財産については相続税が非課税となります。

❶死亡保険金

　被相続人の死亡によって相続人が取得した死亡保険金は、**一定の金額まで相続税が非課税**となります。

❷死亡退職金

　死亡退職金も**一定の金額まで相続税が非課税**となりますが、被相続人の死亡後3年以内に支給が確定したものに限ります。それ以外に弔慰金が支払われた場合も一定の金額まで相続税が非課税となります。

相続税の課税財産

本来の相続財産	現金、預貯金、有価証券、土地、家屋、事業用資産、家庭用財産、貴金属・宝石、書画骨董、電話加入権　など
みなし相続財産	死亡保険金、死亡退職金、弔慰金、功労金、生命保険契約に関する権利　など
生前贈与財産	相続または遺贈（死因贈与を含む）により財産を取得した人が、相続開始前7年以内に被相続人から贈与された財産（※）

（※）2023年12月以前に贈与された財産は、相続開始前3年以内のものが対象

死亡保険金は、契約者と被保険者がともに被相続人の場合、相続税の対象になります

死亡保険金、死亡退職金の非課税限度額

計算式

$$非課税限度額 = 500万円 \times 法定相続人の数$$

生命保険金と死亡退職金はそれぞれ、この額まで非課税になる！

弔慰金の非課税限度額

| 弔慰金 | 業務や災害等で亡くなった人の遺族に対して、会社や国などから贈られるお金 |

非課税限度額は？

> **業務上の死亡の場合**……給与の3年分

> **業務上の死亡でない場合**……給与の半年分

問題にチャレンジ！

問題　相続税の計算において、相続人が受け取った死亡保険金の非課税限度額は、「600万円×法定相続人の数」の算式で算出する。〇か×か？

解説　死亡保険金の非課税限度額は、「500万円×法定相続人の数」で算出します。　　　　　　　　　　　　　　　**答え　×**

1 資金計画
2 リスク管理
3 金融資産運用
4 タックスプランニング
5 不動産
6 相続・事業承継

07 債務控除と基礎控除額

税金❷

重要度 ★★★

相続した遺産の額から控除できるものには
債務控除と基礎控除額があります

相続税を計算する際に、相続した遺産の額から差し引けるのが債務控除と遺産に係る基礎控除額です。とくに基礎控除額は金額が大きいため、差し引くことで相続税がかからない場合も少なくありません。

基礎控除額は法定相続人の数によって変わる

◆ 債務控除

相続税は、被相続人が遺した財産の額（課税価格）を基に計算しますが、この課税価格を算出する際に、**債務控除として債務や葬式費用を差し引くこと**ができます。

◆ 遺産に係る基礎控除額

相続した財産に過大な税金をかけることで、遺族がその後の生活に困ることがないように、相続税には遺産に係る基礎控除額が定められています。相続税の課税遺産総額は、相続税の課税価格から、基礎控除額を引いた額です。基礎控除額は、次の算式で求められます。

遺産に係る基礎控除額 ＝ 3,000 万円 ＋ 600 万円 × 法定相続人の数

◆ 相続税を計算する際の「法定相続人の数」

法定相続人の範囲は民法で定められていますが、相続税を計算する際の「法定相続人の数」については、次のようなルールがあります。

❶相続の放棄があった場合

相続を放棄した人がいても、その**放棄はなかったものとみなします。**

❷被相続人に養子がいる場合

被相続人に養子がいる場合、**実子がいれば養子は 1 人まで、実子がいなければ養子は 2 人まで法定相続人の数に算入**できます。

◎ 債務・葬式費用の控除の範囲

	控除できるもの	控除できないもの
債務	・借入金 ・未払いの税金 ・未払いの医療費 ・アパート等の預り敷金	・墓地購入の未払い金など非課税財産の債務 ・保証債務 ・遺言執行費用、弁護士・税理士費用 ・土地測量費用
葬式費用	・通夜・葬式費用 ・葬式前後の出費で葬式にともなうもの ・死体の捜索・運搬費用	・法会費用（四十九日の費用等） ・香典返戻費用 ・医学上、裁判上特別な処置に要した費用

通夜・葬式費用は債務控除できますが、四十九日の費用は債務控除できません

◎ 遺産に係る基礎控除額の計算例

被相続人　　　配偶者

遺産に係る基礎控除額
＝3,000万円＋600万円 ×4人＝5,400万円

法定相続人の数

長男A　　　　長女B　　　　二女C
　　　　　　　　　　　　　　相続の放棄

民法	相続の放棄があった場合、初めから相続人ではなかったとみなされる
相続税の計算	相続税を計算する際の「法定相続人の数」は、相続の放棄があっても「（放棄は）なかったもの」とみなして計算する。そのため、二女Cが相続の放棄をしても、法定相続人の数は4人（配偶者、長男A、長女B、二女C）となる

1 資金計画
2 リスク管理
3 金融資産運用
4 タックスプランニング
5 不動産
6 相続・事業承継

税金❸

08 相続税を計算する

課税価格の計算に始まる相続税の計算の流れを
しっかり理解しておきましょう

　相続税の総額は、所得税の計算とは異なる手順で算出します。

　被相続人の財産から非課税財産と債務控除の額を引いた額が課税価格です。課税価格から、遺産に係る基礎控除額を引いた額が課税遺産総額です。

　次に、**課税遺産総額を法定相続人が法定相続分通りに分けたと仮定**して相続人ごとの相続税を計算します。この額を合計したものが相続税の総額です。

　相続税の総額を、実際に各相続人が相続した遺産の割合で按分したものが、各人の相続税の額ですが、相続人によっては相続税が増額される人、減額される人がいます（206ページ）。

〔相続税の計算手順〕

①「課税価格」を計算する

課税価格 ＝ 〔・本来の相続財産　・みなし相続財産　・生前贈与財産〕 － 非課税財産 － 債務控除
（債務・葬式費用）

②「課税遺産総額」を計算する

課税遺産総額 ＝ 課税価格 － 遺産に係る基礎控除額

③相続人ごとの「取得金額」を計算する

課税遺産総額を法定相続人が法定相続分通りに分けたと仮定して、相続人ごとの取得金額を計算する

④「相続税の総額」を計算する

相続人ごとの取得金額に**税率を掛けて**それぞれの相続税額を計算し、それを合計して相続税の総額を求める

1 資金計画

2 リスク管理

3 金融資産運用

4 タックスプランニング

5 不動産

6 相続・事業承継

⑤各人の「相続税額」を計算する

相続税の総額を、相続人が実際に相続した課税価格で**按分**（基準となる数量に比例した割合で物を割り振ること）して、各人の相続税額を計算する

◎ 相続税の総額の計算

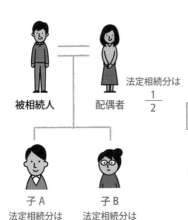

法定相続分は $\frac{1}{2}$

被相続人　　配偶者

子A
法定相続分は $\frac{1}{4}$

子B
法定相続分は $\frac{1}{4}$

課税遺産総額が1億円の場合

配偶者の法定相続分：**5,000万円**
子Aの法定相続分：**2,500万円**
子Bの法定相続分：**2,500万円**

各相続人の相続税額を計算する

各相続人の相続税額 ＝ 法定相続分 × 税率 － 控除額

※税率と控除額については、下の「相続税の速算表」を参照

配偶者：5,000万円 × 20% － 200万円 ＝ **800万円**
子A：2,500万円 × 15% － 50万円 ＝ **325万円**
子B：2,500万円 × 15% － 50万円 ＝ **325万円**

相続税の総額を計算する

800万円 ＋ 325万円 ＋ 325万円 ＝ **1,450万円**

◎ 相続税の速算表

取得金額		税率	控除額
	1,000万円以下	10%	－
1,000万円超	3,000万円以下	15%	50万円
3,000万円超	5,000万円以下	20%	200万円
5,000万円超	1億円以下	30%	700万円
1億円超	2億円以下	40%	1,700万円
2億円超	3億円以下	45%	2,700万円
3億円超	6億円以下	50%	4,200万円
6億円超		55%	7,200万円

課税価格よりも基礎控除額のほうが多い場合には相続税はかかりません

09 相続税額の加算と減算

相続税の「2割加算」や「税額控除」で
相続税が増える人 と 減る人がいます

　相続税の総額を各相続人が実際に相続した課税価格で按分することで各人の相続税額を求めた後、相続人によって**相続税額の加算・減算**をすることで、各相続人が納付する相続税額を算出します。

相続税額が増額・減額される場合

◆ 相続税が増額される場合

　相続によって財産を取得した人が、**被相続人の1親等の血族（代襲相続人を含む）や配偶者以外**の場合には、相続税額が2割加算されます。

◆ 相続税額が減額される場合

❶配偶者の税額軽減

　被相続人の財産は配偶者とともに築いたものであり、被相続人が死亡した後の配偶者の生活への配慮から、税額を軽減する制度が設けられています。対象となるのは、**法律上の婚姻関係にある配偶者**であり、内縁関係は対象外です。配偶者の税額軽減の適用を受けて**相続税がゼロになった場合でも、申告書を提出**する必要があります。

❷贈与税額控除

　被相続人から相続開始前7年以内（2023年12月以前の贈与は3年以内）に生前贈与を受けた場合、生前贈与財産として課税の対象となりますが、贈与を受けたときに支払った贈与税は、相続税の額から差し引くことができます。被相続人から相続や遺贈によって財産を取得した人が対象です。

❸未成年者控除

　相続によって財産を取得したときに未成年者である法定相続人は、**未成年者控除の適用を受けることができます。控除できる金額は、「(18歳−相続開始時の年齢)×10万円」で計算した金額です。

◎ 相続税の2割加算

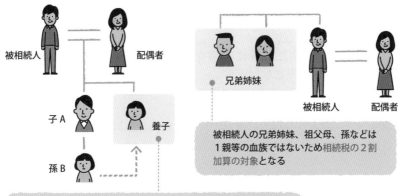

被相続人の兄弟姉妹、祖父母、孫などは1親等の血族ではないため相続税の2割加算の対象となる

孫Bを養子にした場合、法定相続人となるが、相続税の2割加算の対象となる。ただし、父親である子Aがすでに死亡していて代襲相続人である場合は、2割加算の対象とはならない

◎ 配偶者の税額軽減

【配偶者の税額軽減額の計算】

計算式

配偶者の税額軽減額
$$= 相続税の総額 \times \frac{❶と❷のいずれか少ないほうの額}{課税価格の合計額}$$

❶ 課税価格の合計額 × 配偶者の法定相続分
（ただし、1億6,000万円に満たない場合は1億6,000万円）

❷ 配偶者の課税価格

配偶者の法定相続分まで相続

1億6,000万円まで相続

 相続税はかからない

1 資金計画
2 リスク管理
3 金融資産運用
4 タックスプランニング
5 不動産
6 相続・事業承継

贈与税を計算する

生きている間に相手に財産をあげると
贈与税の対象となります

　贈与とは、**個人から個人に無償で財産を与える契約**です。贈与契約は、財産を与える人（贈与者）が相手に贈与する意思を、財産をもらう人（受贈者）が受け取る意思をそれぞれ表示して、お互いに合意することで成立します。

　贈与契約は、必ずしも書面が必要ではなく、**口頭でも成立**します。ただし、口頭による贈与契約の場合、実行されていない部分についてはいつでも撤回が可能です。

贈与税の対象となる「贈与」

◆ 贈与の種類と贈与税

　贈与には通常の贈与だけでなく、定期的に行う**定期贈与**、受贈者に負担を負わせる**負担付贈与**、贈与者の死亡によって効力が発生する**死因贈与**など、さまざまな形態があります。このうち死因贈与は贈与税ではなく**相続税の対象**になります（それ以外の贈与は**贈与税の対象**）。また、贈与は個人と個人の契約のため、法人からの贈与財産は贈与税ではなく所得税の対象となります。そのほか**相続開始年の生前贈与も相続税の対象**です。

　贈与税は、**本来の贈与財産**だけでなく、**みなし贈与財産**も課税の対象となります。みなし贈与財産とは、保険料を負担していない人が受け取った生命保険金などです。また、贈与ではなく譲渡という場合でも、時価よりも安い金額で譲渡した場合、その差額部分が贈与税の対象です。

◆ 贈与税の非課税財産

　贈与によって取得した財産でも、扶養義務者からの生活費や学費、香典、贈答、見舞金などは贈与税が課されません。

◆ 贈与税の計算（暦年課税）

　贈与税は、1月1日から12月31日までに受けた贈与についてまとめて

◎贈与税の計算

| 暦年課税 | 1〜12月の1年間に受けた贈与に対して課税する方法 |

計算式

贈与税額＝（課税価格 − 110万円）× 税率

◎贈与税の速算表（一般税率・一部抜粋）

贈与税のほうが相続税の税率よりも高い！

基礎控除後の課税価格		税率	控除額
	200万円以下	10%	−
200万円超	300万円以下	15%	10万円
300万円超	400万円以下	20%	25万円
400万円超	600万円以下	30%	65万円

◎贈与税の速算表（特例税率・一部抜粋）

直系尊属から贈与を受けた場合は贈与税が軽減されます

基礎控除後の課税価格		税率	控除額
	200万円以下	10%	−
200万円超	400万円以下	15%	10万円
400万円超	600万円以下	20%	30万円
600万円超	1,000万円以下	30%	90万円

※18歳以上の人が直系尊属から贈与を受けた場合に適用

📖 問題にチャレンジ！

問題 個人が法人から贈与を受けた財産は、贈与税の対象となる。
〇か×か？

....

解説 個人が法人から贈与を受けた場合、贈与税ではなく「所得税」
の課税対象となります。　　　　　　　　　　　答え　×

1 資金計画

2 リスク管理

3 金融資産運用

4 タックスプランニング

5 不動産

6 相続・事業承継

税額を計算します。110万円の基礎控除があるため、年間110万円までの贈与であれば課税されません。

◆ 贈与税の配偶者控除

日本の場合、夫が働いて妻が専業主婦ということも多く、マイホームを購入する際の名義を夫にすることが多くなります。しかし、「夫婦の財産はお互いが協力してつくったもの」という考えから、夫婦間の贈与については、要件に当てはまる場合、贈与税の配偶者控除の適用を受けられ、贈与税が課されません。

対象となるのは、**婚姻期間が20年以上の夫婦で、居住用不動産またはその購入資金を贈与した場合**です。この特例の適用を受けることができるのは、2,000万円までですが、贈与税には110万円の基礎控除があるため、合計で2,110万円まで非課税で贈与することができます。

贈与税の配偶者控除の適用を受けた場合、贈与者である配偶者が7年以内に死亡した場合でも、贈与を受けた住宅は相続税の対象にはなりません。

◆ 相続時精算課税制度

生前贈与を受けた場合、暦年課税で贈与税を納付する代わりに相続時精算課税制度を選択することができます。

相続時精算課税制度とは、1人の贈与者から**累計2,500万円まで非課税で贈与を受けることができ**、贈与を受けた財産については、相続発生時に相続財産の課税価格に加え、**相続税の対象**とするという制度です。

相続時精算課税制度の対象となる贈与者は**満60歳以上の親または祖父母**、受贈者は**満18歳以上の推定相続人である子または孫**です。2,500万円を超えて贈与を受けた場合、超えた金額に一律**20%**の贈与税が課されます（贈与時に支払った贈与税は、相続税から控除することができます）。

一般の贈与と相続時精算課税制度は、どちらかを選んで適用を受けるため、1人の贈与者から受けた贈与で相続時精算課税制度を選択すると、それ以降、同じ贈与者からの贈与については、一般の贈与を選択することはできません。

相続時精算課税制度は、親世代の財産を早めに子や孫の世代に移転して有効に使ってもらうという考え方からできた制度です。

◎ 贈与税の配偶者控除のポイント

主な要件	・婚姻期間が 20 年以上である ・居住用不動産、またはその取得資金の贈与である ・贈与を受けた翌年の 3 月 15 日までに居住を開始し、それ以降も居住し続ける見込みがある
ポイント	・この特例を利用し、贈与税がゼロとなる場合でも、申告書の提出が必要

適用前　　　　　　　　　　　**適用後**

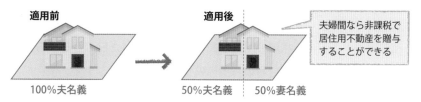

夫婦間なら非課税で居住用不動産を贈与することができる

100%夫名義　　　　　　50%夫名義 ┊ 50%妻名義

◎ 相続時精算課税制度のポイント

主な要件	・贈与者：満 60 歳以上の父母または祖父母 ・受贈者：満 18 歳以上の推定相続人である子または孫
ポイント	・一般の贈与と、どちらかを選択して適用する ・いったん相続時精算課税制度を利用すると、それ以降、同じ贈与者からの贈与は、すべて相続時精算課税制度が適用される

【相続時精算課税制度のしくみ】

1回目	贈与額 1,000 万円
2回目	贈与額 1,000 万円
3回目	贈与額 1,000 万円

※2024年 1 月以後の贈与は、年110万円まで課税されない

累計 2,500 万円までの贈与は贈与税が非課税

累計 2,500 万円を超えた部分に 20% 課税

例 累計 3,000 万円の贈与の場合、贈与税額は？

(3,000万円 − 2,500万円) × 20% = 100万円

・100 万円の贈与税を支払う
・相続が発生したときに精算する

支払った贈与税 > 相続税
↓
払い過ぎた分が戻ってくる！

1 資金計画

2 リスク管理

3 金融資産運用

4 タックスプランニング

5 不動産

6 相続・事業承継

11 税金❻

相続税と贈与税の申告・納付

相続税と贈与税の申告手続きと
納付方法の違いを理解しましょう

相続税と贈与税の申告と納付方法

◆ 相続税の申告・納付

相続税の申告書は、**相続の開始があったことを知った日の翌日から10カ月以内**に、**被相続人の死亡時の住所地の税務署長**に提出します。相続税の納付期限も申告書の提出期限と同じです。

基礎控除額が相続税の課税価格よりも多いなど、計算した結果、相続税がゼロになるときは申告が不要ですが、配偶者の税額軽減や小規模宅地等の評価減の特例（216ページ）の適用を受ける場合は、**相続税がゼロであっても申告書の提出が必要**です。

相続税は**金銭で一括納付**するのが原則ですが、相続財産の大半が不動産である場合など、金銭での納付が困難な場合は、延納や物納によって納めることができます。

◆ 相続人による準確定申告

被相続人が所得税の確定申告をせずに死亡した場合、相続人が代わって確定申告をします。これを**準確定申告**といいます。準確定申告の期限は、**相続の開始があったことを知った日の翌日から4カ月以内**です。

◆ 贈与税の申告・納付

贈与税の申告書は、受贈者が贈与を受けた年の**翌年2月1日から3月15日まで**の間に、受贈者の住所地の税務署に提出します。贈与税の納付期限も、申告書の提出期限と同じ3月15日です。

贈与税の納付方法も、相続税と同様に金銭で一括納付が原則ですが、納付が困難な場合には、延納によって納めることができます。ただし、**贈与税では物納は認められません**。

◉ 相続税の延納と物納

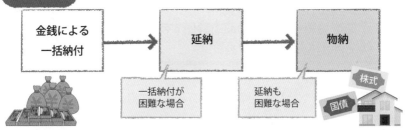

相続税

金銭による 一括納付	→	延納	→	物納

一括納付が
困難な場合

延納も
困難な場合

相続税 の延納	相続税の全部または一部を分割して支払う方法 <延納の要件> ・納付すべき相続税額が 10 万円を超えていること ・担保を提供すること（延納税額が 100 万円以下かつ延納 期間が 3 年以下の場合は不要）

相続税 の物納	相続税を相続財産によって支払う方法 <物納の要件> ・延納によっても金銭納付が困難であること ※物納する財産は、国内にある相続財産に限られる。また、相続人が以前 から所有していた財産は物納に充てられない

物納から延納への変更 ⟶ 物納の許可があるまでは、いつでも延納や金銭による
一括納付に変更することができる

延納から物納への変更 ⟶ 延納中に状況が変化して金銭による納付が困難になった
場合に、申告期限から 10 年以内に限って未払い部分を
物納に変えることができる

◉ 贈与税の延納

贈与税

贈与税 の延納	贈与税の全部または一部を分割して支払う方法 <延納の要件> ・納付すべき贈与税額が 10 万円を超えていること ・担保を提供すること（延納税額が 100 万円以下かつ延納 期間が 3 年以下の場合は不要）

※贈与税の物納は認められていない

配偶者の税額軽減や小規模宅地等の評価減の特例を
受ける場合、相続税がゼロでも申告書の提出が必要です！

1 資金計画

2 リスク管理

3 金融資産運用

4 タックスプランニング

5 不動産

6 相続・事業承継

不動産の相続税評価

土地や建物などの不動産を評価するときの
基本原則と特例を学びます

　相続税や贈与税を計算する際は、原則として、相続財産を時価で評価して
課税価格を計算します。ただし、土地や建物などの不動産の場合は、相続税
評価額（路線価：159ページ）などを基に計算を行い、利用状況によって計
算方法が異なります。

不動産評価額の計算方法

◆宅地の評価

　宅地とは、建物の敷地として用いられている土地です。宅地の評価方法に
は、**路線価方式**と**倍率方式**があります。路線価方式は、市街地にある宅地の
評価方法で、宅地が面している道路の相続税評価額（路線価）に基づいて、
路線価に宅地の地積（土地の面積のこと）を掛けて評価額を計算する方法で
す。路線価が定められていない宅地は、固定資産税評価額を基に倍率方式で
計算します。

◆宅地の上に存する権利の評価

　借地権や貸宅地、貸家建付地など、宅地の上にさまざまな権利がある場合、
自用地評価額を基にして、**その権利を考慮した価額で計算**します。

❶自用地

　自用地とは、所有者が自ら使用している土地のことで、路線価に地積を掛
けて評価額（自用地評価額）を計算します。

❷借地権

　借地権とは、借主が地代を払ってその土地を借り、建物を建てるなどして
使用している場合の、借主の権利です。

　借地権者が死亡した場合、借地権は相続税の対象になり、**自用地評価額に
借地権割合を掛けて評価額を計算**します。

◎ 路線価方式による土地の評価

【土地の一方のみが道路に面している場合】

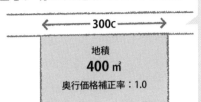

```
←――― 300c ―――→
┌─────────────────┐
│      地積        │
│    400㎡        │
│ 奥行価格補正率：1.0 │
└─────────────────┘
```

「300C」とは？

- 「300」が路線価で、単位は千円。この場合、この道路に面している土地は1㎡当たり30万円の評価額となる
- 「C」は借地権割合を表す記号。Cの場合、借地権割合は70%（下の表参照）

記号	借地権割合
A	90%
B	80%
C	70%
D	60%
E	50%

評価額

＝（正面路線価 × 奥行価格補正率）× 地積

＝300千円 × 1.0 × 400㎡ ＝ 1億2,000万円

【土地の正面と側面が道路に面している場合】

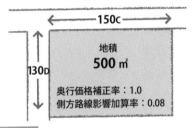

```
←――― 150c ―――→
┌─────────────────┐
│      地積        │
│    500 ㎡       │
↑│                 │
130D│ 奥行価格補正率：1.0│
↓│ 側方路線影響加算率：0.08│
└─────────────────┘
```

土地の正面と側面が道路に面している場合、それぞれの路線価に、奥行価格補正率を掛けた後の値が大きいほうが正面路線価となる。この場合、路線価が高い15万円（150C）を使って計算する

評価額

＝（正面路線価 × 奥行価格補正率 ＋ 側方路線価
　　　× 奥行価格補正率 × 側方路線影響加算率）× 地積

＝（150 千円 × 1.0 ＋ 130 千円 × 1.0 × 0.08）× 500 ㎡
＝ 8,020 万円

奥行価格補正率とは？

地積が同じでも、土地の形状によって使いやすさは異なるため、その土地の評価額を調整するため、奥行距離に応じて設定されている数値。数値が小さいほど、奥行が極端に長かったり短かったりするなど用途が限られた土地となる

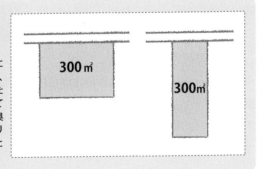

1 資金計画
2 リスク管理
3 金融資産運用
4 タックスプランニング
5 不動産
6 相続・事業承継

❸貸宅地

貸宅地とは、土地の所有者が自分の土地を貸している場合の土地のことです。つまり、ある土地を人に貸している場合、借主には先ほどの借地権がある一方で、貸主は貸宅地の権利を有しているわけです。貸宅地の評価とは、**地主の底地**（そこち）（158ページ）**の権利を評価**することです。

なお、借地権の評価額と貸宅地の評価額を合計すると、自用地評価額と同じ額になります。

❹貸家建付地

自分の土地に建物を建築し、その建物を賃貸している場合、貸家建付地として相続税評価をします。貸家建付地は、**借地権だけでなく、賃借人の借家権も考慮した評価額**となります。

◆ 建物の評価

建物の評価額は、**固定資産税評価額を基に計算**します。建物は自用家屋と貸付用家屋（かしつけようかおく）に分けられ、貸付用家屋は、借家権割合と賃貸割合を考慮した評価額となります。なお、マンションや一戸建ての建物を賃借している人には借家権がありますが、借家権は相続財産として評価されません。

相続税が大幅に減額される「小規模宅地等の特例」の適用

小規模宅地等の評価減の特例とは、**被相続人の自宅やその人が事業用に使用していた敷地**などを、一定の要件を満たす親族等が相続した場合、**通常の相続税評価額から一定の割合を減額**することができる特例です。自宅や事業用の土地に高額な相続税を課すことで、遺族が住む家がなくなってしまったり、事業を継続できなくなったりという事態を防ぐ目的があります。

適用の対象となる宅地には、**特定居住用宅地等**、**特定事業用宅地等**、**貸付事業用宅地等**などがあり、それぞれ適用の際の要件や減額の対象となる地積、減額割合が異なります。

たとえば、被相続人の自宅の敷地を被相続人の配偶者が相続する場合、330㎡までは80％の減額となるので、敷地の相続税評価額が1億円であっても、その20％の2,000万円が相続税の対象となります。

◎ 宅地の上に存する権利の評価

借地権	**評価額** = 自用地評価額 × 借地権割合

貸宅地	**評価額** = 自用地評価額 × （1 − 借地権割合）

> 借家権割合とは、その建物を借りている人の権利で、全国一律 30%

貸家建付地	**評価額** = 自用地評価額 × （1 − 借地権割合 × 借家権割合 × 賃貸割合）

自用家屋	**評価額** = 固定資産税評価額 × 1.0

貸付用家屋	**評価額** = 固定資産税評価額 × （1 − 借家権割合 × 賃貸割合）

> 賃貸割合とは、その建物の中で賃貸されている部分の割合のこと。一時的に空室になっている場合は、「賃貸されていた」と考える

◎ 小規模宅地等の評価減の特例

【特例の対象となる宅地の要件】

特定居住用宅地等	・被相続人が居住していた宅地 ・被相続人と生計を一にしていた親族の居住用宅地
特定事業用宅地等	・被相続人の事業用宅地 ・被相続人と生計を一にしていた親族の事業用宅地
貸付事業用宅地等	・被相続人が貸付事業を行っていた宅地 ・被相続人と生計を一にしていた親族の貸付事業用宅地

【減額割合】

	減額割合	減額対象地積
特定居住用宅地等	80%	330 ㎡
特定事業用宅地等	80%	400 ㎡
貸付事業用宅地等	50%	200 ㎡

> 二世帯住宅も特定居住用宅地等として減額の対象になります

1 資金計画

2 リスク管理

3 金融資産運用

4 タックスプランニング

5 不動産

6 相続・事業承継

13 税金⑧

その他の財産の相続税評価

金融商品や保険など不動産以外の財産の
相続税評価の方法を理解しましょう

　相続によって取得した財産は、原則として、**時価で評価**をします。しかし、中には時価で算定することが難しい財産や、時価が大きく変動しやすい財産もあります。

　そこで、財産の種類ごとに、相続税評価の方法が定められています。

財産の種類ごとの評価方法

◆ 動産の評価

　動産は、**時価によって評価**します。時価とはその動産の課税時期の取得価額ですが、取得価額がわからない場合は、新品を購入する価格から経年による減価額を差し引いて計算します。

◆ ゴルフ会員権の評価

　ゴルフ会員権は、課税時期の取引価格を基に計算します。ただし、取引価格は変動するため、公平性を図るために**取引価格の7割で評価**します。預託金などがある場合は、その額を足した金額が相続税評価額です。

◆ 金融資産の評価

　普通預金等は課税時期の**預入残高（あずけいれざんだか）で評価**しますが、定期預金等は**課税時期までの利子（既経過利子）を合計した額**が相続税評価額となります。

　上場されている公社債は、**課税時期の最終価格に既経過利子の額を足した額**が相続税評価額です。

　上場株式は、価格の変動が激しいため、**課税価格を平均化するための評価方法**が決められています。

◆ 生命保険契約の権利の評価

　生命保険に関する権利を相続した場合、**解約返戻金相当額で相続税評価**を行います。

◎ 相続財産の評価方法

ゴルフ会員権の評価

評価額 = 課税時期の取引価格 × 70% + 取引価格に含まれない預託金等の額

預貯金の評価

【普通預貯金】

評価額 = 預入残高

【定期預貯金】

評価額 = 預入残高 + 源泉税控除後の既経過利子の額

上場されている公社債の評価

評価額 = 課税時期の取引（最終）価格 + 源泉税控除後の既経過利子の額

生命保険契約の権利の評価

評価額 = 解約返戻金相当額

上場株式の評価

評価額

> 課税時期とは、被相続人が死亡した日のこと

次の4つのうちもっとも低い額

①課税時期の終値

②課税時期の属する月の毎日の終値の平均

③課税時期の属する月の前月の毎日の終値の平均

④課税時期の属する月の前々月の毎日の終値の平均

※課税時期に終値がない場合（土日に死亡した場合など）は、課税時期の前後でもっとも近い日の終値を用いる。

> 上場株式の評価方法は頻出です！しっかりと理解しましょう！

1 資金計画
2 リスク管理
3 金融資産運用
4 タックスプランニング
5 不動産
6 相続・事業承継

14 中小企業の事業承継

非上場株式は相続の対象となり、
その相続税評価には3つの方法があります

上場株式は証券取引所で売買されることで株価が形成されますが、非上場株式にはそのような株価がありません。証券取引所に上場していない企業の株式を**取引相場のない株式**というのはそのためです。

非上場企業の株式を保有している人が死亡した場合、その株式は相続財産として**相続税の対象**になります。その際の相続税評価は、その企業の規模や、株式を保有している割合などによって決められた評価方法で計算します。

会社の規模や同族株主かどうかで異なる評価方法

取引相場のない株式の評価方法には、①類似業種比準方式（るいじぎょうしゅひじゅんほうしき）、②純資産価額方式（じゅんしさんかがくほうしき）、③配当還元方式（はいとうかんげんほうしき）の3種類があります。

その企業の同族株主であれば、類似業種比準方式や純資産価額方式で相続税評価を行いますが、同族株主以外の株主は配当還元方式で評価を行います。

❶類似業種比準方式

類似業種比準方式は、その会社の**事業内容と類似する上場会社の株価**を基にして評価会社の株価を計算する方法です。

類似業種と評価会社の配当金額、年利益額、純資産価額を比較して評価会社の株価を計算します。

❷純資産価額方式

純資産価額方式は、**評価会社を清算したと仮定**して、株主のものになる価値はいくらになるかという観点から評価会社の株価を計算する方法です。

❸配当還元方式

配当還元方式は、**評価会社が支払った配当金の額**を基に相続税評価を行う方法です。

◎ 取引相場のない株式の3つの評価方法

❶ 類似業種比準方式の計算方法

> 斟酌率（しんしゃくりつ）：大会社（0.7）、中会社（0.6）、小会社（0.5）

$$1株当たり評価額 = A \times \frac{\dfrac{b}{B} + \dfrac{c}{C} + \dfrac{d}{D}}{3} \times 斟酌率 \times \frac{1株当たり資本金等の額}{50円}$$

A：類似業種の株価
B：類似業種の1株当たりの配当金額
C：類似業種の1株当たりの年利益額
D：類似業種の1株当たりの純資産価額

b：評価会社の1株当たりの配当金額（過去2年の平均）
c：評価会社の1株当たりの年利益額（過去2年の平均）
d：評価会社の1株当たりの純資産価額（直前期の帳簿価格）

❷ 純資産価額方式の計算方法

A：相続税評価額による総資産額
B：相続税評価額による負債額
C：帳簿価額による総資産額
D：帳簿価額による負債額

$$1株当たり評価額 = \frac{(A-B) - \{(A-B) - (C-D)\} \times 37\%}{発行済株式数}$$

❸ 配当還元方式の計算方法

> 配当の平均額は、特別配当や記念配当を除外して計算する

$$1株当たり評価額 = \frac{過去2年間の配当の平均額}{10\%} \times \frac{1株当たり資本金の額}{50円}$$

✏️ ワンポイント

「同族株主」とは？

非上場会社の「同族株主」とは、株主とその同族関係者でその会社の議決権の50％超を保有しているグループに該当する人のことです。50％超を保有するグループがない場合は、30％超を保有するグループに属する人が同族株主となります。

1 資金計画
2 リスク管理
3 金融資産運用
4 タックスプランニング
5 不動産
6 相続・事業承継

実技試験にチャレンジ!!
～法定相続人と法定相続分

【問題】

上村良夫さん（被相続人）の＜親族関係図＞が下記の通りである場合、民法上の相続人および法定相続分の組み合わせとして、正しいものはどれか。なお、記載のない条件については一切考慮しないこととする。

＜親族関係図＞

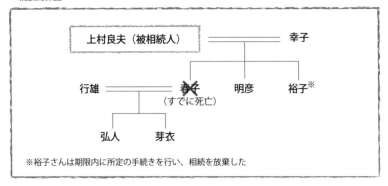

※裕子さんは期限内に所定の手続きを行い、相続を放棄した

1．幸子1／2　明彦1／2
2．幸子1／2　明彦1／4　弘人1／8　芽衣1／8
3．幸子1／2　明彦1／6　弘人1／6　芽衣1／6

解説と解答

・被相続人に配偶者がいる場合、配偶者は必ず相続人になります。さらに第1順位の子がいるため、本問では配偶者と子が相続人となります。

・春子さんはすでに死亡しているため、その子の弘人さんと芽衣さんが代襲相続人となります。相続の放棄をした裕子さんは、民法上は相続人とみなされません。

・法定相続分は、配偶者が2分の1、子が2分の1ですが、春子さんの子である弘人さんと芽衣さんは春子さんが相続するはずだった割合（4分の1）を2分の1ずつ相続するため、法定相続分は8分の1ずつとなります。

・子である明彦さんの法定相続分は4分の1です。

【解答】　　　　2

いつでもどこでも！
聞き流し音声ダウンロード

購入特典として、本書の主な解説文を読み上げた音声ファイルをダウンロードいただけます。電車の中や寝る前などの聞き流し学習に活用しましょう！

音声ファイルは以下からダウンロードしてご視聴ください。

https://kdq.jp/6ggpm

ユーザー名　fp3q-gokaku

パスワード　kikinagashi#2025

　上記 URL もしくは二次元コードにアクセスし、ユーザー名・パスワードを入力のうえ、「音声ダウンロードについて」のリンクをクリックし、zipファイルをダウンロードしてください。

【注意事項】

■ PC ／スマートフォン対象（一部の機種ではご利用いただけない場合があります）。

■ 音声ファイルは MP3 形式です。

■ ダウンロードに際し発生する通信料はお客様の負担となります。

■ 端末や OS によっては、zip ファイルの解凍や音声再生のためのアプリが別途必要となる場合があります。なお、必要なアプリのインストールや詳細なダウンロード手順については、ご利用環境によって異なるため個別にご案内できません。

■ 第三者や SNS などネット上での公開・配布は固くお断りいたします。

■ システム等の都合により、**予告なくサービスを終了する場合があります。**

岩田　美貴（いわた　みき）
早稲田大学文学部卒業。経済・金融関係の出版社勤務を経て、1997年に（有）モーリーズ 岩田美貴FP事務所を設立し、ファイナンシャル・プランナーとして独立。「顧客に寄り添うFP」をモットーに、ライフプラン全般にわたるコンサルティングを開始する。
LECでの講師歴は22年で、FPの上級講座までを担当。テンポのいい語り口はわかりやすい！ と大評判で、多くの試験合格者を輩出している。ほかにも大学や企業でのFP講座、自治体の市民講座、マネーセミナーや講演会など幅広く活躍している。
著書に『マンガでわかる！ 岩田美貴の世界一やさしいFP3級』『ゼロからスタート！ 岩田美貴のFP3級問題集2024-2025年版』『この1冊で合格！ 岩田美貴のFP2級最短完成テキスト2024-2025年版』『この1冊で合格！ 岩田美貴のFP2級最短完成問題集 2024-2025年版』（以上、KADOKAWA）がある。

執筆協力／歌代　将也（うたしろ　まさなり）

ゼロからスタート！
岩田美貴のFP3級1冊目の教科書 2024-2025年版

2024年 5月29日　初版発行

著者／岩田　美貴
監修／LEC東京リーガルマインド

発行者／山下　直久

発行／株式会社KADOKAWA
〒102-8177　東京都千代田区富士見2-13-3
電話 0570-002-301(ナビダイヤル)

印刷所／株式会社加藤文明社印刷所
製本所／株式会社加藤文明社印刷所

●お問い合わせ
https://www.kadokawa.co.jp/ （「お問い合わせ」へお進みください）
※内容によっては、お答えできない場合があります。
※サポートは日本国内のみとさせていただきます。
※Japanese text only

定価はカバーに表示してあります。